知的生きかた文庫

マッキンゼーのエリートが大切にしている39の仕事の習慣

大嶋祥誉

JN102352

三笠書

「行動を具体的に変えない限り、決意だけでは何も変わらない」

——大前研一（経営コンサルタント／元マッキンゼー日本支社長）

序章

2つの点を結ぶ最短ルートは、直線だ。でも、いつもまっすぐ進めばいいかというと、そうではない。

河は、流れが淀《よど》めば、進む方向を変える。空から見れば、くねくねと曲がっていても、これが上流から河口に水を運ぶ最短のルートなのだ。

山を登るときもそうだ。麓《ふもと》から頂上まで直線的に登ることはなく、斜面の角度や岩の状況、天候などさまざまな要因を考慮しながら、回り道をしたり、蛇行したりして登っていく。山登りでは、これこそがムダのないルートになる。

私たちの仕事も、同じだ。ある地点からスタートして、ある地点をゴールとして見据えながら走っていく。2つの点を結ぶのが、仕事だ。

たいていの仕事は、「何らかの問題」を解決するために行う。

・商品の売れ行きが伸びない↓商品を売れるようにする
・営業成績が伸び悩んでいる↓営業成績を伸ばすようにする
・顧客からクレームがきた↓クレームに対応する。クレームがこないように改善する
・会社が経営不振になった↓経営を立て直す
・部下の仕事の負担が重すぎる↓負担を軽くする

つまり、「何らかの問題」がスタートの点であり、それを「解決すること」がゴールの点になる。

クオリティーとスピードのどちらも追究しながら、この2つの点を最短ルートで結んでいく。

これこそがプロフェッショナルの仕事だ。

「クオリティー× スピード」を実現する39の習慣

私は、世界最高峰のコンサルティングファームと言われるマッキンゼー・アンド・カンパニーに在籍していた。そこには、「問題」と「解決」という2つの点を、最短ルートで見事につなぎ合わせるプロフェッショナルたちがたくさんいた。

ときには正攻法で、ときには誰も思いつかないような方法でクライアントの問題を解決していくのだ。

点と点を結ぶためには、さまざまな過程がある。

まずは、解決すべき問題を確認する。
それを解決するために、リサーチをして仮説を立てる。
仮説を立てたら、具体的なアクションを決める。
アクションを起こすときには、上司に確認、相談をする。
仮説が間違っていたとわかれば、次の仮説を立てる。

次の仮説を立てたら、具体的なアクションを……。

こうして仕事を運んでいく過程で、マッキンゼーの優秀なコンサルタントたちが日常的に大切にしている「習慣」がたくさんある。

解決すべき問題を確認するときには、「そもそも、本当にそれが問題なのか、別のところに問題があるのではないか」という**「ゼロ発想」**を駆使する。

リサーチのときには、かたっぱしから資料を読み込んだあとで、かならず**「現場」**に行くし、問題点を整理するときには**「ロジックツリー」**を使う。

上司の時間をもらう場合は、**「いま、1分だけいいですか？」**と話しかけ、**「30秒で3つの要点に分けて」**説明する。

こういった一つひとつのシンプルな習慣が、点と点をムダのないルートでつなぐ原動力になる。

仕事でいままで以上の結果を導きたければ、まずは行動を変え、それを習慣にすることだ。

マッキンゼーのエリートたちは、毎日歯を磨くのと同じように、ゼロ発想や仮説思考を習慣化している。

本書では、**「クオリティー×スピード」**を実現することをテーマに、おもにマッキンゼーで大切にされている「39の習慣」を紹介する。2つの点を、ムダなく、見事に結ぶために、ぜひ身につけてほしい。

大嶋祥誉

もくじ

序章……4

第1章　「バリュー」にこだわる
「問題解決」の習慣

そもそも「何が」問題ですか？………18
習慣①　つねに「ゼロ発想」をする………20
習慣②　「鳥の目」で分析して最適解を探す………24
習慣③　「クリティカルシンキング」を身につける………30
習慣④　「雨」が降る前に、「傘」を準備する………36
習慣⑤　「現場」に行く………42
習慣⑥　イシューからはじめる………48
習慣⑦　「バリュー」にこだわる………54

習慣⑧「効率重視」か「アイデア重視」かを区別する……58
習慣⑨「緊急度」と「重要度」のマトリックスをつくる……62

第2章 要点は「3つ」に分ける
「できる部下」の習慣

とにかく「上司の時間」を確保しなさい……68
習慣⑩つねに「PMA」の姿勢で……70
習慣⑪上司のタイプを見極めて接する……74
習慣⑫「1分だけよろしいですか？」と話しかける……80
習慣⑬30秒で、3つの要点を話す……86
習慣⑭「事実」をベースに「仮説」を伝える……92
習慣⑮上司の机を観察する……96

習慣⑯ メールの件名に【○○】と書く……100
習慣⑰ 途中途中で上司に確認を入れる……106

第3章 「タスク」を視覚化する

「ダンドリ上手」の習慣

カリスマシェフでも、客を3時間は待たせない……112
習慣⑱ 「仕事を頼んできた人」の意図を確認する……114
習慣⑲ マトリックス上にタスクを貼る……118
習慣⑳ いつでも机をきれいに保つ……122
習慣㉑ CCとBCCを戦略的に使いこなす……126

第4章 自分の主張は「質問」に込める

「お客さんの心」をつかむ習慣

お客さんは、自分が何がほしいかわからない ……… 132
習慣㉒ 対面、メール、電話をうまく使い分ける ……… 134
習慣㉓ 相手に「共通点」を探してもらう仕掛けをする ……… 138
習慣㉔ 相手が本音を話しやすい「場」を選ぶ ……… 142
習慣㉕ 相手と同じ土俵に立たない ……… 148
習慣㉖ 自分の主張は「質問」に込める ……… 152

第5章 認める！ 共感する！ インスパイアする！

「できる上司」の習慣

部下の仕事を高速化させてこそ、一流の上司 ……… 158
習慣㉗ 部下に「○○さん」と呼ばせる ……… 160
習慣㉘ 認める！ 共感する！ インスパイアする！ ……… 164
習慣㉙ 部下に「仮説」を立てさせる ……… 168
習慣㉚ 部下に迷いを打ち明け、相談する ……… 172
習慣㉛ 思い切って、任せる ……… 176
習慣㉜ 会議は4種類に分ける ……… 180
習慣㉝ 会議の「目的」と「ゴールイメージ」を明確にする ……… 184
習慣㉞ 会議中にあえて「ムダ話」をする ……… 190

第6章 感情をコントロールする
「働くモチベーション」を高める習慣

「だれから」「何から」刺激を受けるか、それが問題だ……… 196
習慣㉟ 「メンター」を見つける……… 198
習慣㊱ ゴルフはプロゴルファーに習う……… 202
習慣㊲ 本は最後まで読まない……… 208
習慣㊳ 5分間で自分に問いかける……… 212
習慣㊴ 心と体を整える……… 216

編集協力 増澤健太郎

「問題解決の基本は疑問を持つこと。
この結論が最善の結論だというところを疑ってみる。
そうすると問題解決の糸口が見えてくる」
——大前研一（経営コンサルタント／元マッキンゼー日本支社長）

第1章

「バリュー」にこだわる

「問題解決」の習慣

そもそも「何が」問題ですか？

マッキンゼーのコンサルタントは**「問題解決のプロフェッショナル」**です。**私たちの大抵の仕事は、「問題を解決する」ために行われていて、これができない限り、前には進めません。**いまあなたがしている仕事も、かならず何らかの「問題」を、何らかの方法で「解決」するために行っているはずです。

あなたにその仕事を指示している上司も、隣で仕事をしている同僚も、仕事を発注してくる取引先も、起きている問題を解決するために動いているわけです。

マッキンゼーでは、次のようなプロセスによって問題を解決していきます。

1　真の問題を把握する（設定する）
2　問題を整理して構造化する
3　情報収集を行う
4　仮説を立てる
5　仮説を検証する

6　解決策（打ち手）を考える

7　解決策を実行する

このような7つのプロセスを経て、答えを導き出すのです。マッキンゼーのコンサルタントたちは、このプロセスの大切さを熟知しているからこそ、問題解決能力が高く、仕事のクオリティーとスピードの両方を上げられるのです。

こうして問題を解決していくプロセスには、特に重要なポイントが2つあります。

1　どんな問題が起きているのかを正しく把握し、分析すること

2　できるだけ時間をかけずに、スピーディーに解決すること

まず注目したいのは、1。何が問題なのかを見極めることです。

そもそも、何が問題なのかを見誤ると、いくら解決方法を探しても、ムダになってしまいます。結局何も解決できず、成果も上がらず、気づいたときには膨大な時間をロスしているのです。まずは、そもそもどんな問題を解決すべきかを突き詰めてみましょう。

そのためにマッキンゼーのコンサルタントたちが用いる思考法が**「ゼロ発想」**です。

これは何かというと……、次のページから詳しくご紹介していきますね。

習慣① つねに「ゼロ発想」をする

マッキンゼーの問題解決プロセスの第一歩は、「ゼロ発想」です。問題に当たった場合は、つねにゼロから考え、**「そもそも」**に立ち返るのです。

「当社の○○事業は2年連続赤字で、挽回の道筋が見えません。いったいどこに問題があるのか、どうすれば解決できるのか、知恵を貸してください」

マッキンゼーのコンサルタントが、担当しているクライアントからこんな相談を受けたとします。

まずはそのビジネスの問題を探り、把握、分析して、どうすれば解決できるかを考えるのが、一般的な問題解決の流れです。

だからと言って、「では、どうすれば○○事業を黒字にできるか考えましょう」というのでは、いい仕事とは言えません。

なぜか？　「ゼロ発想」をしていないからです。これは、クライアントの問題に対して、場当たり的に意見をしているだけです。「そもそも……」という視点がないのです。

「ゼロ発想」では、そもそも何が真の問題なのか？　そもそもそのビジネスを今後、本当に続けるべきなのか？　というところから考えてみるのです。

たとえ、どんなにそのビジネスがブランドとして確立していて、歴史と伝統に支えられてこれまで金色に輝いてきたとしても、今後が期待できないのであれば、捨てることこそが最適解かもしれないのです。

ならば本当の問題は、その事業の問題を解決することではなく、その事業を捨てたあと、どうすれば残りの事業の収益性が向上するか、ということかもしれません。

そのチラシ、本当に必要ですか？

このような「ゼロ発想」は、普段の生活でも活用できます。

たとえば、長年の友人から、こんな相談を受けたとします。

「最近、彼氏とうまくいかないんだけど、どうしたらいいかな？」

この場合、「どうすればうまくいくか」という視点で相談にのり、「もう少し彼の話を聴いて、お互い話し合ってみるべきじゃないかな？」と答えることもできます。

しかし、そもそもその彼氏の人間性に問題があるのだとしたら、

「別れたほうがいいよ」

とアドバイスしてあげることが、大切なケースだってありえますよね。その友人に別れる気持ちがまったくないときほど、ハッとさせられ、思考の視点が切り替わるよい機会になるかもしれません。

ビジネスも同じ。チラシを配っているのに、一向にお客さんが来ないとします。

そのとき、もっとチラシを受け取ってもらうには？

もっと声を大きくしたほうがいいのでは？

チラシのデザインを変えたほうがいいのでは？

と考えるだけでは不十分です。

本当は**チラシよりもＳＮＳで宣伝するほうが適しているかもしれませんし、もしかすると、その場所に出店したこと自体が失敗かもしれないのです。**

上司やお客さんから頼まれた仕事に対しても、そもそも何が問題なのか、そもそも何が課題なのか、そもそも、そもそも……と考えてみてください。何が問題なのかを取り違えると、その後、いくら努力してもむくわれません。

つねに「ゼロ発想」に立ち返ることを習慣にすると、本当の問題点が見えはじめ、解決の糸口をつかむことができます。こうなれば、ムダな仕事をしないで済み、問題をスピーディーに解決できるのです。


いい仕事の第一歩は、何が問題なのかを把握すること。

「そもそも……」のゼロ発想で問題の本質に近づこう

習慣②

「鳥の目」で分析して最適解を探す

では、どうすれば「ゼロ発想」を身につけることができるのでしょうか。

そのためにぜひ習慣にしてほしいのが、「俯瞰視点《ふかんしてん》」です。**すべての対象を一段高いところから見渡す〝鳥の目〟を持つ、ということです。**ズームアウトするような感覚です。

なんだ、簡単そうじゃないか！　と思われるかもしれませんが、実際には案外難しいものです。

私たちは、自分でも知らないうちに、「自分視点」、あるいは「自分の評価基準」に縛られてしまっています。自分でつくった枠に、とらわれてしまうのですね。

「私、休日の朝がどうしても起きられなくて……。結局、日曜の夜は眠れなくなって、月曜は時間通り起きられずに遅刻しちゃうんだよね。もっとすんなり起きられるいい方法はないかしら？」


こんな相談を受けたとき、あなたは心のなかでどんな反応をするでしょうか？

（あー、わかる！　休みの日は嬉しくて、ついつい二度寝しちゃうんだよね！）

（何それ？　私は休日だって普段と同じ時間に起きるように心がけているよ）

（バカだなあ。だったら休日こそ目覚まし時計をかけたらいいだけじゃない）

じつは、どの反応もＮＧ。コテコテの「自分視点」です。

「休日に寝すぎて月曜の朝が眠い」と訴えている相手に対して、あなた個人の視点から評価してしまっているからです。

相手側の視点に立とうという意思がない結果、自分自身の考えや経験、常識基準から逃れられなくなり、ニュートラルな視点が持てなくなるのです。これでは本当の問題が発見できません。


では、どんな反応が「俯瞰視点」なのでしょうか。

「俯瞰視点」を持てるようになるトレーニングとは

このケースでは、たとえば、

（どうしてこの人は休日に寝すぎてしまうんだろう？　金曜の過ごし方に問題があるのかな？　そもそも会社に行きたくないんじゃないかな？　それとも、病気で調子が悪いのかな？　また、それによって会社の人たちはどう思っているだろう？　彼女だけが遅刻していたら、不公平感があって、チームの士気にも影響するだろう）

というのが〝鳥の目〟を持った俯瞰視点です。自分視点、相手視点、さらに別の角度から見た視点などを含めた、一段高い視点です。この視点があることで、相手に何を質問すべきかが見えてきます。

「いつも金曜日はどうやって過ごしているの？」

「仕事は楽しくやっているの？」

「体の調子はどう？」

「会社のみんなはどう思っているのかな？」

このような投げかけをして、

「じつは、上司とうまくいっていなくて、仕事が憂鬱で仕方がないの……」

と返ってきたら、これは単に月曜の朝に寝過ごすことが問題なのではなく、上司への嫌悪感から、仕事はじめの月曜日に体が拒絶反応をしていることが考えられます。

つまり、本当の問題は「寝坊」ではなく、「上司との人間関係」ということです。

この人に対して、「休日にも目覚まし時計をセットするといいよ」とアドバイスしたところで、何の問題解決にもなりませんし、彼女の会社の人たちの不公平感もぬぐえません。

解決するためには、部署を異動したほうがいいかもしれないし、カウンセリングを受けたほうがいいかもしれないのです。


自分視点を防止するためには、よいトレーニング方法があります。

つねに自分視点で考えているかどうかチェックし、自分自身に対して「なぜ自分はいま、自分視点で考えてしまったのか？」と、一段高い視点を構築します。そして、

つねにズームアウトする感覚を持ち、広い視野で見渡すように心がけるのです。

「月曜の朝に遅刻してしまう」ことに対して、安易に「バカだなあ」という判断を下してしまったら、自分の視点をいったん脇に置いて、「いまなぜ自分はバカげていると感じたのか？」を考えてみるようにします。

こうしたトレーニングを重ねていくと、自分視点から解放されて安易な評価をしないようになり、俯瞰視点が習慣化してきます。

なぜ、彼女は飛行機ではなく、新幹線を手配したのか

私がマッキンゼーにいたころ、とても優秀な秘書の方がいました。彼女の担当のパートナー（日本企業の役員にあたる）はとても忙しく、全国を移動する毎日でした。移動の手配は、秘書である彼女が行います。

あるとき、パートナーが広島に出張することになりました。**普通の秘書なら、目的地に早く着く「飛行機」のチケットを手配しますが、彼女はあえて移動時間の長い「新幹線」を手配しました。**

なぜか？

これは、彼女のパートナーへの気づかいでした。

そのパートナーは、執筆の仕事が多い割に、日頃まとまった時間がとれないために原稿が進まず困っていました。

そこで、彼女はパートナーに確認した上で、執筆時間を捻出するために、新幹線のチケットを手配したのです。新幹線のなかであれば、執筆にじっくり集中できるのではないか、という配慮でした。

おかげでパートナーの執筆は進み、それが結果的に会社のためにもなりました。

「出張↓目的地に早く着くから飛行機」という自分視点ではなく、一段上の視点から場を眺めることで、自分がやるべき仕事の内容も変わってくるわけです。

脊髄反射的に「自分視点」で判断するのはやめよう。
鳥の目で、自分も、相手も、会社も潤うやり方を探してみる

習慣③ 「クリティカルシンキング」を身につける

「ゼロ発想」に立ち返ることは、他人の問題に対してよりも、自分の問題に対してのほうが、より難しいといえるでしょう。

前述の例のように、恋人と関係を修復したい、と思っている他人に対しては、仮に「自分視点」のままでいても、いっそ別れたら案外すっきりするのではないかとアドバイスをすることができます。

いい意味で人ごとだからこそ、核心に踏み込むことができるのです。

でも、**自分自身が問題解決の対象である場合は、なかなかそこまでドライには割り切れません。**

自分自身が、「私、どうして恋人とうまくいかないんだろう？　どうすればうまくいくんだろう？」という問題を抱えているとしたら、いきなり「そうだ、もう別れよう！」とゼロ発想に飛ぶことはなかなか難しいものですよね（そういう思い切った決断をしている友人を見ると、すごいなあ、と感心してしまいます）。

どうしても自分視点から離れられないため、結果として思考が深まっていきません。ああでもない、こうでもない、と堂々巡りになりやすく、いつまでたっても問題が解決できないのです。

自分を批判せよ！

これと似たことが、ビジネスでもよく起こります。なかなか思考が深まらず、発想も広がらないケースです。

そんなときにとても役立つのが、マッキンゼーの**「ロジカルシンキング（論理的思考法）」**です。

ロジカルシンキングとは、端的に言えば、いま直面しているできごとや、自分で立てた仮説について、**「何が原因であり、その結果どうなっているか」**を細かく突き詰めて考えることです。

なぜ、クライアントの事業はうまくいかないのか？
売り上げが伸びないから。
では、なぜ売り上げが伸びないのか？
海外のライバル企業よりも価格が高いから。
では、なぜ海外のライバル企業よりも価格が高いのか？
コストがかかっているから。
では、なぜコストがかかるのか？
仕入れ原価が高いから。
では、なぜ？　では、なぜ？　……

なぜ、自分と恋人はケンカばかりなのか？
お互い譲らないから。
では、なぜお互い譲らないのか？

お互い自分の考えが正しいと思っているから。
では、なぜお互い自分の考えが正しいと思っているのか？
お互いのことをよく知らないから。
では、なぜお互いをよく知らないのか？
お互い仕事が忙しくて時間が合わないから。
では、なぜ？　では、なぜ？　……

大きなできごとのなかで起こっている小さなできごとの一つひとつを、

「すべて原因と結果にバラして考える」

わけです。
そして、その際に、発想を深める手段としてぜひ試してほしいのが、批判的に考えること。いわゆる**「クリティカルシンキング」**です。

どうしてなのか？
本当なのか？
真の問題は何か？
もっといい打開策はないのか？

こうした批判的な思考や自らへの投げかけを続けることで、問題の本質にぐんと近づけるのです。

先ほどの例は、あくまで1本の道筋をシンプルになぞっただけ。本当はひとつの問題や事象から、原因も結果も、もっと細かく、何本にも分岐していきます。

「売り上げが伸びない」理由は、本当に海外のライバル企業との価格差だけなのか？
自社の商品に魅力がないからではないか？
そもそもその商品自体のニーズが世界的になくなっている、ということはないか？
「お互いのことをよく知らないから」ということの原因は、本当に時間が合わないだけなのか？

時間など、本気でつくろうとすればひねり出せる。本当はお互いに、尊敬する気持ちも、尊敬しようとする気持ちもなく、ただ体裁のために付き合っただけなのでは？

こうした批判的な問いかけを自分にすることによって、思考はより深まり、視点がどんどん高くなって（俯瞰視点になって）、広がっていきます。**批判的に考えることで、問題の本質が見えてくるのです。**

自分自身の現状を批判的な視点で突き詰めていくクリティカルシンキングを習慣にすれば、「そもそも……」のゼロ発想が浮かび、やるべき仕事とやる必要のない仕事が、明確になります。

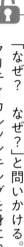

これによって、仕事の効率化、高速化が実現するでしょう。

「なぜ？　なぜ？」と問いかける。
クリティカルシンキングを身につけて、原因と結果を分析しよう

習慣④

「雨」が降る前に、「傘」を準備する

問題の解決策を導き出すとき、マッキンゼーには有名なたとえ話があります。**「空・雨・傘」**と呼ばれる思考の方法（フレームワーク）です。

出かけようとして空を眺めてみると、いまにも雨が落ちてきそうです。そこで傘を持って外出したところ、あとで雨に降られても、濡れずに済みました。

これを、空、雨、傘に分けて考えてみると、次のような関係性が見えてきます。

「空」は、「いまどんな状況なのか？」という「事実」を示しています。「空に黒い雲が広がっているので、いまにも雨が降ってきそうだ」というようなことです。

「雨」とは、「その状況が具体的に何を意味しているのか」という「解釈」です。つまり、事実から何が導けるかを考えるわけです。いまにも雨が降りそうな状況は、濡

■空・雨・傘の関係性

空	雨	傘
事実・現在の状況	**解釈・具体的な意味**	**行動・実際の解決策**
空に黒い雲が広がっている	いまにも雨が降りそうだ	雨に打たれると厄介だ
↓	↓	↓
いまにも雨が降りそうだ	雨に打たれると厄介だ	傘を持って出かけよう

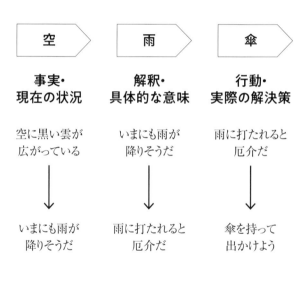

れると不快で厄介な雨に打たれてしまうかもしれないと解釈できるわけです。

「傘」は、事実と解釈を踏まえた上で実際に行うべき行動、つまり「解決策」ということになります。傘を持っていれば、雨に濡れずに済むわけです。

つまり、**「空・雨・傘」の発想ができる人は、雨に濡れることはないのです。**

事実、解釈、そして解決策。この3点は、つねにセットでなければなりません。

問題は、解決しなければいけません。どんなにたくさんの情報やデータ（事実）を集めたとしても、解釈して解決策を見出さなければ、仕事としての意味をなさず、終わることもありません。

もしも、2回目のデートで渋滞に巻き込まれたら……

「空・雨・傘」を使うときに大切なのは、全体のスピード感です。

雨が降る前に降りそうだと解釈できて、傘を持って出かければ、雨に濡れなくて済みます。しかし、「傘を持って出かける」という解決策を見出せないまま、実際に雨が降ってきてから傘を探しはじめたのでは、ずぶ濡れになるか、雨がやむのをどこかでぼーっと待つしかありません。

空模様は、私たちの都合などお構いなしにどんどん変わっていきます。決して待ってはくれません。

雨が降る前に傘を持って外出する、という決断ができなければ、いつまでも雨宿りをするしかなく、時間を失ってしまいます。

「空・雨・傘」は、とてもシンプルなたとえ話です。雨に対して雨具が有効なことは、ほとんどの人が知っています。だから、空を見上げたり、天気予報をチェックしたりして現状を確認し、必要なら傘を持って出かけます。あるいは、いつも折りたたみ傘をバッグに入れているかもしれません。

しかし、現実はもっと複雑です。

恋人になるかもしれない女性と、2回目のデートをひかえているとします。今後の2人の行方を決める、大切な1日です。

最初のデートはまずまず話も弾み、成功しました。しかし、とにかく今日という日をうまくまとめなければ、たぶんこの先はありません。

近場へドライブに出かけることになったところまではよかったのですが、当日、高速道路は事故の影響で予想外の大渋滞。車は動かなくなってしまいました。このあとの計画はどんどん修正を余儀なくされ、相手のテンションは下がる一方。

こんなとき、本当に「仕事のできる人」であれば、高速道路で出かけるという状況から、小さなリスクに対してもあらかじめ手を打っています。高速道路の混み具合は、自分の都合とはまったく関係なしにどんどん変化していくからです。

初回のデートで集めたたくさんの「データ」を解釈し、解決策を準備するのです。**渋滞に巻き込まれたときのために、相手の好きなアーティストの曲をたくさん用意しておいたり、退屈しないようにお互い興味のあるコンテンツをスマホやタブレットPCで準備しておいたりします。**

前回のデートでそっと聞き出した彼女の好きなブランドのプレゼントを、車の中に忍ばせておくことも忘れません。

一方、渋滞によって気まずいままデートが終わったあとで、「彼女の好きな曲を仕込んでおけばよかった……」という解決策を思いついても、もう手遅れです。
それは雨に打たれてずぶ濡れになりながら、傘を買うためにさまよっているという、悲惨な状況そのものです。

仕事もまったく同じです。周囲の環境は、自分の都合とはまったく関係なくどんどん変化していきます。高速道路の混み具合と同じです。

たくさんのデータを集め、何百通りもの解釈をしたところで、実際に有効な解決策を時間内に見つけられなければ、時間がかかるだけで、何も解決できません。

問題解決は「生き物」です。

いつまでに解決しなければならないかを把握し、そこから逆算してデータの収集や分析、解釈を行って、解決策を見出すことこそが大切なのです。

> 事実・解釈・解決策。
> 3つを時間内にそろえることこそが問題解決の条件

習慣5 「現場」に行く

多くの仕事は、基礎的な情報を集める**「リサーチ」**からはじまります。**重要なのはリサーチの質。**これがよければ仕事のスピードは劇的に上がりますし、内容も向上します。そこで、情報収集のプロになるマッキンゼー流の3ステップをご紹介します。

第1ステップ 「情報収集の目的」を明確にする

マッキンゼーでも、もしA社に経営コンサルティングの提案をするのであれば、まず、**「A社にとって最も重要な課題は何か」**を見つけ出すことを目的に、リサーチをします。これがわかれば、解決策を提案できるからです。闇雲に情報を調べても、ムダになってしまいます。情報収集の目的を明確にすることで、リサーチのゴールイメージがはっきりするのです。

第2ステップ「かたっぱし」から調べる

リサーチの目的が明確になったら、そこにたどりつくために**「かたっぱし」**からリサーチをはじめます。その業界の市場で何が起きているのか、A社の強みと弱みは何か、競合はどんな商品を出しているのか、などさまざまなリサーチを行うのです。

その仕事に関連しそうな本を、さほど吟味することなく何十冊もかたっぱしから買い、目次と最初の20ページだけ読んで、役立ちそうなものだけを残していきます。

資料もかたっぱしから集め、役立ちそうなものだけを残すのです。

インターネットで情報を調べる場合も同じです。検索して上位のサイトだけを見るのではなく、できるだけさまざまなサイトを見てください。

検索するときのポイントは、適切なキーワードで検索することです。特に的確な**「複合キーワード」**の組み合わせを考えて検索することで、感度の高い情報にヒットする可能性が高くなります。

たとえば、企業の人事戦略の動向を調べたい場合であれば、「人材　動向」「人材傾向」「人材　トレンド」「人事　戦略」「人事　成功」など、的確なキーワードを組み合わせることで、検索スピードも、情報のクオリティーもアップします。

ただし、知っておいてほしいのは、**インターネットの検索だけで調べた気になってはいけない**、ということです。

ネットでわかることは公開情報に過ぎませんし、そのほとんどは二次情報です。つまり、誰かが加工した情報であり、誰かの意見であるということです。効率を重視してネットに頼っても、そこで新鮮な情報は得られません。

ネットで調べられる内容は、検証や何らかの結論を得るためではなく、あくまで**「何を調べればいいのかのヒントを得るため」**と、とらえるといいと思います。

データをネットで調べる際にもうひとつ気をつけなければならないのは、**かならず最新のデータを見つける**ことです。

その調査が一定の頻度で行われているのであれば、かならずその時点で入手できる最新の情報を使用します。より新しいデータがあるのにわざわざ古いものを使っていては、現状を把握することができず、仕事はうまくいきません。

過去のデータは、傾向（トレンド）を知るためのものです。右肩上がりか、周期的か、などを見つけることができれば、その後の仮説や検証に大いに役立つはずです。

こうして最初にリサーチの間口を広げる理由は、自分視点を防ぐためです。

資料を集めるのは自分ですから、どうしても自分の視点にとらわれがちです。そこであえて関係なさそうなデータにも目を通すのです。これによって、それまでの自分では発見できなかったことに気づき、俯瞰視点を手に入れられるようになります。

第3ステップ　「現場」に行く

本や資料、ネットでさまざまなデータを集め、調べると、仮説が浮かんできます。それらを検証するためには、**ためらうことなく現場やネタ元に自ら足を運ぶことです。**

そう、情報収集の第3ステップのキーワードは**「現場」**です。

マッキンゼーでは、統計データを調べる際、作成元である官庁や地方自治体の担当者にアポをとり、収集方法やデータの定義について説明いただくこともあります。

ライバル企業のリサーチでも、方法は同じです。差し支えない範囲で身分を明かし（もちろんクライアントの情報はいっさい出しません）、動向を取材したりします。

そして、現場に出向いて生の情報を収集します。たとえば、小売業界や外食産業では、店舗の規模や立地、客層、単価、接客、店内の様子、商戦の仕掛け方など、いくらでもヒントは転がっていますし、許可をもらえば、写真に収めることもできます。

うまくいっている店とそうでない店の商品の配置、チラシやＰＯＰなどの写真を比較するだけで、一目瞭然でその違いがわかることもあるのです。私も小売業のコンサルティングのプロジェクトメンバーだったときは、クライアントの店舗と競合店舗に行って、どんな客層か、どんな買い物をしているのかなどを徹底的に調べました。

現場に行けば、かならず何らかの「おみやげ」がもらえます。そこで思わぬヒントをもらったり、統計やデータの本当の姿や裏話がわかったりすることもあります。

以前、ある外食ビジネスの分析をしていて、同様のコンセプトで事業を展開している競合店舗がなぜ成功しているのか、さまざまな観点から分析したことがあります。

しかし、どんなに分析しても、クライアントとの差がわかりませんでした。そこで、現場に行ってみました。実際に、店舗に行ってみると意外なことに驚きました。

トイレがすばらしかったのです！

清掃状態が行き届いていることはもちろん、心安らぐ香りに、アメニティーがある、ゆったりと落ち着ける空間。

その後の調べで、30代女性の多くが、このお店に行く理由として**「トイレがきれい」**という点を挙げていました。現場に行かない限り、わからなかったことです。

何度も足を運ぶと、むしろ先方から「おいしい情報」を提供してくれるようになるものです。そうした積み重ねが、思わぬ仕事の種にもなります。

私は何より、現場に足を運ぶことが楽しく、好きでした。一見面倒で、時間がかかりますが、結果的に問題の解決に役立っているのです。

情報収集の第1ステップは「目的」を明確にすること。
第2ステップは「かたっぱし」、第3ステップは「現場」。
情報を制するものは、仕事を制する

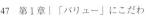

習慣6 イシューからはじめる

「ゼロ発想」「俯瞰視点」「空・雨・傘」などの発想法で何が問題なのかが把握できたら、次にすべきことは、**「できごと（事象）」と「要因」を分けて考えることです。すると、重要度の高いものと低いものが見えてきます。**

実際に問題解決に取り組もうとすると、どんどん事象や要因が枝分かれして複雑になり、全体像が把握しにくくなっていきます。そして、何を優先的に解決すべきなのか、何をあと回しにしていいのか、判断が難しくなってしまうのです。

それを避けるため、マッキンゼーでは、**「ロジックツリー」**と呼ばれる思考の方法（ツール）を用いて、掘り下げた問題を分解、分類していきます。

左図のように、ツリー状に左から右に向かって問題を細分化します。こうして問題の全体像が見えたら、そのなかから問題を解決するための核心的な課題を決めます。

■ロジックツリーの例

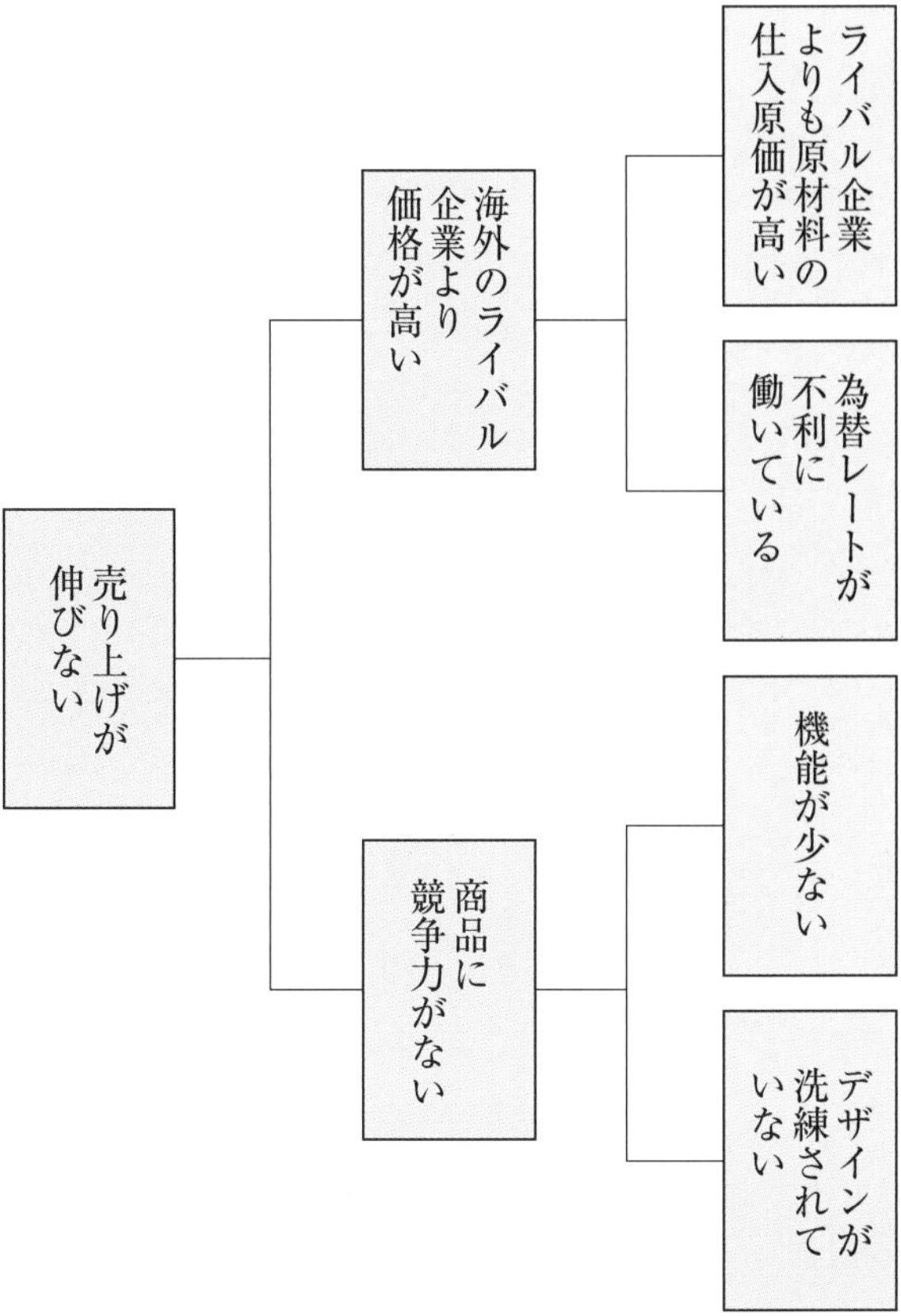
売り上げが伸びない
海外のライバル企業より価格が高い
商品に競争力がない
ライバル企業よりも原材料の仕入原価が高い
為替レートが不利に働いている
機能が少ない
デザインが洗練されていない

これを**「仮説《イシュー》」**と呼びます。図の例で言えば、まず「ライバル企業よりも原材料の仕入原価が高い」が、「売り上げが伸びない」要因の最も有力な仮説《イシュー》だとします。そこで、原材料を安く仕入れ、商品価格を抑えるように改善をするのです。

しかし、その仮説が本当に正しいどうかは、やってみないとわかりません。

もし、ライバル企業並みに仕入原価を引き下げて商品価格を下げることに成功したとしても、売り上げが伸びなければ、核心的な問題はほかにあることになります。

そこで、新たな仮説を立ててみます。機能に問題があるのではないか。確認のため、消費者にほしい機能をリサーチし、それを反映させていく……、という具合に進めていきます。**仮説を立て、検証し、結果が出なければ、次の仮説を立てて、検証する。**

このプロセスを、マッキンゼーでは「仮説思考」と呼んでいます。

仕事が速い人は、かならず自発的

マッキンゼーでは、与えられた問題に対する解決方法を、自分で考えなければなりません。当然、速く、正確にその答えを導ける人が評価されます。

ただし、知っておいていただきたいのは、**マッキンゼーでは上司や顧客から「この仮説を検証してみてください」と言われることはない**、ということです。与えられるのはあくまで、「売り上げが伸びない」という、いちばん大きな問題だけ。

実際に調べてみると、「売り上げが伸びない」というのは、真の問題ではないかもしれません。そもそもその市場が縮小しているのなら、その事業そのものを続けること自体が問題かもしれないからです。

こうして「ゼロ発想」で考えながら、自分でロジックツリーをつくり、何が最も本質的な仮説なのかを、見つけ出していきます。

したがって、言われたことだけを確認している仕事では、一向に先に進みません。もちろん、ある程度のヒントや方向性はだれかが示してくれるかもしれません。特にアシスタントのうちはそうでしょう。

しかしそのままでは、未来永劫アシスタントのままです。

マッキンゼーの上司たちは、部下を伸ばすためには、本人が自らの頭で仮説を導き、実行しなければいけない、ということを熟知しています。

いい仕事をする人は、かならず自発的に動きます。与えられるのはあくまで前提となる問題だけですし、仕事ができるようになってくれば、問題そのものを見出す力もついてきます。

したがって、**「どうすればいいのですか？」「次にするべきことを教えてください」と問いかけるのは、自ら仮説を見出す力がないことの証明になってしまいます。**

自ら見出した仮説について他者の意見を求めることとは、決定的にレベルが異なるのです。**マッキンゼーでは仕事を指示されたら、「仮説として○○をしようと思いますが、いかがでしょうか？」と上司に、自分の提案をしながら相談します。**

効率的に、生産性を上げるためには、ロジックツリーを使って立て続けに仮説を考えだし、重要そうなものから次々に取りかかる必要があるのです。

思い込みの仮説でドロ沼にはまることも

一方で、仮説は、本当は怖いものでもあることを付け加えておきます。

仮説を立てるのは、自分のセンスです。しかし、**仮説を立てることで、どうしても自分の意識がその仮説に引っ張られ、必要以上にこだわってしまうことがあります。**

中途半端に知っていたり、変に自信を持っているジャンルだったりすると、この傾向はより顕著です。その結果、仮説を使っているようで検証が甘くなったり、俯瞰視点を持っているようで先入観に縛られたりして、ニュートラルさを失い、自分が考えたストーリーにはめ込んでしまうことがあるのです。いわゆる**「思い込み」**です。

ですから、仮説の検証には、ニュートラルでいることが大切です。

「すばらしい仮説を思いついた」

「これは得意なジャンルだ」

「この仕事は前にもやったことがあるから簡単だ」

と思った瞬間に、ドロ沼にはまることがあります。

検証前の仮説は、しょせん「頭のなかのこと」。実行して間違っていたとわかったら、すぐに次の仮説を検証してください。


ロジックツリーを使って仮説を立て、どんどん実行してみよう

習慣⑦ 「バリュー」にこだわる

日本の企業では、仕事が遅い人ほど「今月は○時間も働いた」とか、「今日も○時間残業した」と愚痴をこぼしている（アピールしている？）ように思えます。

確かに、自分以外の誰かのせいで必要以上に拘束されたり、不運にも突発的なできごとで仕事が長引いたりすることがあるのは、どうしても避けられません。

でも、マッキンゼーでは、そんな言葉をつぶやいても取り合ってはもらえません。

「そうなんだ。大変だね。で、結局どれだけバリュー（価値）を出したの？」

最後はこの一言で片づけられてしまうことがほとんどです。

バリューとは、たとえばクライアントのために的確な問題解決策を提示し、彼らが満足できる結果を得られたかどうか。もっと細分化すれば、あるプロジェクトチームの一員として動いているなかで、チーム全体の価値をどれだけ上げられたか、といったことです。

何時間オフィスにいようと、睡眠3時間で働こうと、バリューを出せなければ評価はしてもらえません。

反対に毎日8時間しか働いていなくても、しっかりバリューを出していれば、何も問題はないわけです。

6時に消える、あるパートナーの話

マッキンゼーは、純粋にバリューを出すことにこだわっている会社です。そこには、ひとつの原則があります。

「長く働くことがいいことなのではない」

これは、仕事スキルを磨く上で押さえておいたほうがいいでしょう。

仕事の価値を、時間の長さではからないことです。

いまから取り組もうとしている仕事を、最大限価値の向上に結びつけること。

その結果は、仕事の質的な向上だけでなく、スピードアップにも直結するのです。

ある外国人のパートナー（共同経営者）は、毎朝8時前にはオフィスに現れ、朝食をとりながらミーティングをはじめます。もちろんパートナーに昇りつめるくらいですから、バリューの出し方は申し分ありません。

そして、**たいてい終業時刻である夕方6時を過ぎるとパッといなくなりました。**どんなに問題があろうと、遅くてもせいぜい夜8〜9時まで。それが、**彼が自分の生み出すバリューを最大化するためのスタイルだったのでしょう。**

昼近くに来て毎晩徹夜する人もいましたし、家よりもオフィスにいる時間のほうが長い人もいました。

私自身は、どちらかというと働く時間を短くするよりは、大好きな仕事を質的に向上させることに集中して、飽きるまで働いてバリューを上げるタイプでした。

しかし、だれも、働いている時間の長さで自分を評価したりはしませんでした。

自分が納得できるバリューを出していれば、働く時間は長くても短くてもいい。マネジメントするのは、あくまで自分自身です。この発想に行きつけると、時間の使い方を根本から見直すいいチャンスになるはずです。

大切なのは、労働時間の長さではない。バリューの大きさなのです。

大切なのはバリューの大きさ。労働時間は無関係。
時間は自分でマネジメントしよう

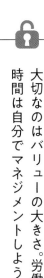

習慣8 「効率重視」か「アイデア重視」かを区別する

仕事ができる人は、「追求すべき効率」と、「ゼロ発想」のバランスに長けています。

つまり、**どの仕事は効率を重視し、どの仕事はじっくり時間をかけてでも本質を追究するのか、をきちんと使い分けている、**ということです。

仕事ができない人は、これが逆転してしまうことがあります。周囲から見て、「どうしてその仕事に、そんなに時間かけちゃうの……」ということ、ありますよね。

「追求すべき効率」とは、時間をかけてもあまり意味がなく、速く済ませることができればできるほど生産性が上がるような仕事です。

たとえば、製品の組み立ては、安全性やクオリティーが変わらない限り、速ければ速いほど生産性が上がります。

自動車の工場などは、そのいい例です。工場の現場では、いかに短時間で効率よく車の生産ができるかをつねに考えています。世界中の製造業の現場では、1秒に満たないような時間をどうすれば削れるかで競争しているわけです。

オフィスにも、「追求すべき効率」は存在しています。

たとえば、郵便物の送り状や、メールの末尾につける「署名」を、毎回一から書きはじめる人はあまりいないでしょう。

相手の名前と一言メッセージを書けば済むカードをつねに用意したり、あらかじめメールソフトに必要事項を署名として設定したりしている人もいます。そのおかげで、何分かの時間を削ることができるわけです。

机の上の文房具や資料の配置も、仕事の効率を上げるにはきわめて大切です。よく使う文房具や、いま取り組んでいるプロジェクトの資料を、必要なときにすぐ、スムーズに取り出すことができるでしょうか?

製造業の工場のルーティン化された作業のように、資料の取り出し、文房具の出し入れなど、決まった作業はつねに同じ動作でできるように、机まわりを整理整頓しましょう。机まわりの動線（自分の動き）をルーティン化するのです。

電話機が資料の下に埋もれていたり、大切な請求書を紛失してしまったりして、いちいち準備を整えるための時間がかかっているなら、少なくともその分だけ「追求すべき効率」が存在しています。

可能な限り問題を少なくできるよう、配置を改善しておくといいでしょう。

時間をかけるべきときには、かけよ！

大切なことは、効率を追求した結果得られた時間的余裕を、何のために使うかです。

この時間を「ゼロ発想」に使うと、仕事のクオリティーが大きく向上します。

上司と話すシチュエーションを考えてみてください。

単なる報告であれば、できる限り短く、簡潔に要点をまとめて過不足なく終わったほうが、お互いのためになります（詳しくは次章で）。

しかし、**上司とブレストしている場合はどうでしょうか。**

自由に頭を働かせ、ときに相互の考えをクロスオーバーさせながら新しいアイデアを探るための時間なのですから、速く終わればいいというものではありません。

傍目にはだらだらと、ああでもない、こうでもないと話が飛んでいるように見えても問題はないのです。最終的に**「よいアイデアが出たかどうか」**が重要だからです。

「追求すべき効率」と「ゼロ発想」。この、一見矛盾しているかのようにも思える2つの要素を、うまくバランスさせることこそが、仕事の「スピードアップ」と「クオリティーの向上」の両方を叶えるのです。

いまこの時間は、何のためにあるのか。いま取り組む仕事は、効率的に処理する作業なのか、ゼロ発想が必要な仕事なのかを考えるのです。

つねにこのような意識を持っておくと、時間の使い方を上手にマネジメントできるようになります。

いま、自分のやっている仕事は、
「追求すべき効率」か「ゼロ発想」かを考えて

習慣9 「緊急度」と「重要度」のマトリックスをつくる

仕事ができない人に、共通する弱点があります。

仕事の優先順位をつけるのが苦手なことです。

たいていの人は、処理しなければならない多くの仕事を抱えているはずです。ある仕事を少し片づけたら次の仕事に首を突っ込み、催促されてまた別の仕事をはじめるけれど、途中で放置していた最初の仕事が気になって仕方がない。

あれもやらなきゃいけない、これもやらなきゃいけない！　こうして、どれが最優先かを見失ってしまう……。そんな状況だと、あたふたして、あれもこれもと雑に処理してしまうため、効率は下がってしまいます。そして、結局すべての仕事が終わりません。

忙しいときほど、どの仕事も最優先のように感じられてしまうものですが、見極める方法を知れば、本当は優先順位がつけられるのです。

そこでぜひご紹介したい思考の方法（フレームワーク）があります。**「緊急度と重要度のマトリックス（ポジションのマトリックス）」**と呼ばれるものです。

もしも、「余命1年」と宣告されたら？

やらなければならないことが多すぎて、何から手をつけたらよいか迷うときは、次ページの図のように縦軸に「重要度」の高低、横軸に「緊急度」の高低を示したマトリックスをつくり、そのなかに、抱えている仕事を落とし込んでいくのです。

今日、かならずしなければいけないことが多数あれば、それぞれをこのマトリックスにはめてみます。そして、まずは、**左上の「重要で緊急」に入ったものから処理していくようにするのです。**

使い方のコツも紹介しておきましょう。私たちは、忙しいと感じるときほど、得てして重要度の高低よりも、緊急度の高低に引っ張られやすくなります。

■緊急度と重要度のマトリックス

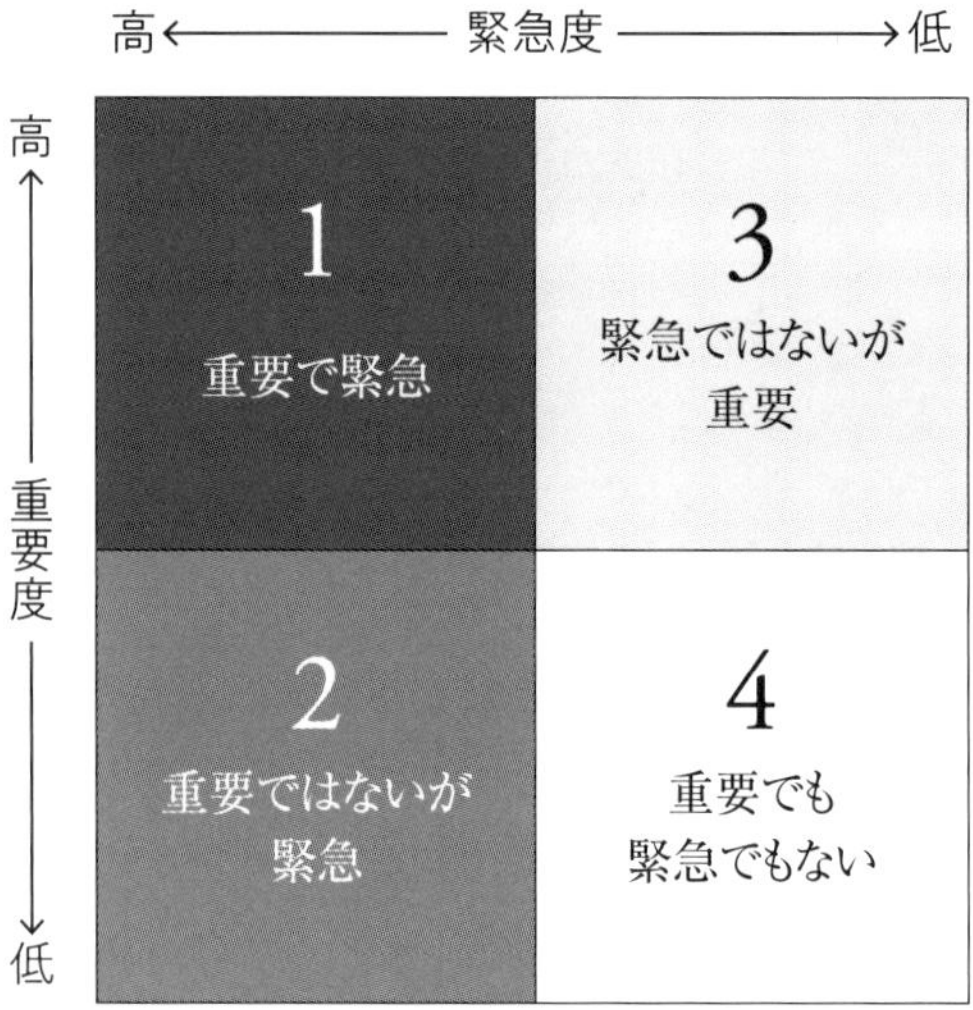

特に、1日単位、1週間単位といったとても短いスパンでマトリックスを考えると、今後ビジネスパーソンとして自分が重要と考えていること、あるいは2〜3年のスパンで大切なことが、どんどんあと回しにされてしまうおそれがあるのです。

そこで、時々、こんな問いを自分に投げかけてみてください。

「もし、余命が1年しかなかったら？」

こう考えると、とたんに「重要度」の高かったものが、「緊急度」も高くなることでしょう。

忙しいときほど、公私に限らず、自分の人生にとって本当に大切なことを見過ごさないようにしたいものです。定期的に、こんな問いを自分に投げかけ、マトリックスの中身を見直してみてください。

今日すべきことと、自分が大切にしていること、両方のバランスをとって優先順位をつけよう

「前向きな言葉を口にできる部下のことが、上司は大好きです。
多少実力が伴っていなかったとしても、
前向きで成長意欲がある部下を、上司は高く評価するのです」
——小杉俊哉（経営学者／マッキンゼー出身）

第2章

要点は「3つ」に分ける

「できる部下」の習慣

とにかく「上司の時間」を確保しなさい

この本を読んでくださっている方の多くは、若くて、将来の可能性が豊かなビジネスパーソンではないでしょうか。そして、その多くが、企業をはじめとする何らかの組織に属しながら働いていることと思います。

組織には、かならず複数の人がいます。能力やキャリアなどがすぐれている人、あるいは人をまとめることに長けている人が、いわゆる「上司」のポジションを担っています。きっと、あなたにも上司がいることでしょう。

あなたはその上司が好きですか？
上司とはよい関係を築いていますか？

自信を持って「はい！」と答えられる方は、きっと仕事も人間関係も、スムーズにいっていることと思います。逆に、「いいえ……」だとしたら、仕事がうまく進まない、職場の雰囲気が悪い、残業が多い、などさまざまな問題を抱えているはずです。

上司は部下に仕事を指示し、部下は上司の意向を確かめ、相談しながら仕事を遂行します。この過程で絶対に欠かせないのが、**上司とのよいコミュニケーション**です。これがうまくいっていないと、さまざまな問題が生じてしまいます。

上司とのコミュニケーションを円滑にするためには、何より、**「上司から上手に時間をもらう」**ことです。

時間を上手にもらうことができれば、途中の意思確認も、不安な事柄の相談も、問題点の解決もスムーズにいきます。有益なアドバイスももらえるかもしれません。

多くの仕事は、上司の許可がなければ先に進められません。仕事のできる人は、いいタイミングで、すばやく上司のＯＫを引き出します。だから、仕事も速い。

いつまでも上司のＯＫがとれないと、仕事が進まないばかりか、評価も下がってしまう場合があります。

改善のポイントは、伝え方にあります。お互いが効率よく、そして快適に仕事をするため、本章では「できる部下」の仕事の習慣をお話ししていきます。

習慣 10 つねに「PMA」の姿勢で

もしあなたがキャリア数年の若手ビジネスパーソンであれば、上司への伝え方、接し方の基本は、**「素直に従う」**ことです。それによって、仕事のクオリティーとスピードは上がるでしょう。

上司を純粋にリスペクトし、素直に従って、かわいがられる存在になることが大切です。

だから何を言われても、**返事はつねに、自動的に「YES!」でいいのです。**

「でも……」
「えっ？」
「だって……」

「困ります！」

「できません」

こんなワードは、いまこの瞬間からすべて追い出してください。

つねに素直に「はい」と言って、指示された仕事を受けるのです。そして、与えられた仕事に期待以上に応えて成果を出すことに集中してください。

「ピュアで、素直で、明るい人」は無敵！

そんなの奴隷じゃないか、と思われる方には、まず「**ポジティブな態度は、それ自体が価値である**」ということを知ってほしいと思います。

マッキンゼーではこれを、「ＰＭＡ（ポジティブ・メンタル・アティテュード）」として新人に教えています。

ＰＭＡとは、つねに「**前向きに仕事に取り組む**」ということです。できない理由を考えるのではなく、どうしたらできるか、自分は何ができるかという視点で、与えられた仕事を仕上げることに集中してください。つねに、ＰＭＡの姿勢で仕事をすることが大切なのです。

マッキンゼーでも、与えられた仕事に対して、全力で成果を上げる人が評価されていました。そういう人は、目の前の仕事に純粋に集中していました。仕事をやり遂げるその混じりけのないピュアさにまさるものはない、と感じたことを覚えています。


新人や若い社員には実績がありません。たとえ、ものすごいポテンシャルがあっても、ビジネスでは発揮する場を与えられない限り、成果の出しようがありません。

成果を出すためには、実力を蓄え、キャリアを積むこともちろんですが、**「今度は君がやってみたら？」**と推薦してくれる上司が絶対に必要になります。

素直で、頑張る人は、上司や先輩から好かれるものです。ならば、つねに素直で明るくて、反論しないほうが、断然チャンスが広がりますよね。

「ピュアで、素直で、明るい人」は無敵なのです。

手練手管、権謀術数で取り入ってボロを出すなんて、本当にもったいない話。かわいい部下や後輩は、誰だって応援したくなるし、チャンスを与えたくなるのです。

もしも、フェイスブックで上司に友達申請をされたら

フェイスブックで上司が友達申請をしてきた。プライベートな投稿を見られたくないし、かといって無視もできない……。こんなとき、あなたならどうしますか。

それなら、**最初から投稿の公開範囲を「友達」に限定し、プロフィールにも「友達（プライベート）専用」と明記**しましょう。それでも申請されたら、素直に、甘く、明るく謝るのです。「大変申し訳ありません。友人たちとのつながりのためだけにやっているもので。ごめんなさい！」と。決して放置したり、無視してはいけません。

上司には、相談でもお願いでも、断るときも、「ピュアで、素直で、明るく」を心がけてください。「計算高くて、辛口で、暗い」と、チャンスは回ってきません。

上司と話すときは、つねに「ＹＥＳ！」。
ピュアで、素直で、明るい人は、無敵！

習慣 11

上司のタイプを見極めて接する

ときにはそりの合わない上司の下に配属されることも避けられません。でも、できることなら、いつでも、どんな上司にも好かれているほうが、コミュニケーションが楽にとれて、仕事がスムーズにできます。何よりもポジティブにバリューを出せて、毎日が楽しくなるはずです。

上司から好かれる部下に共通しているのは、上司のタイプをうまく見極める能力があることです。

仕事ができない人は、誰が上司であっても**「自分流」**を貫こうとします。その結果、タイミングやそりが合わず、仕事が進みません。

大ヒットドラマ『半沢直樹』のように「自分流」を貫ければ、すごくかっこいいわけですが、現実にはそうもいきません……。

そこで！　上司がどういうタイプなのかをニュートラルな視点で観察し、それに合わせて接するのです。こうすれば、仕事は劇的にうまくいくはずです。

ここでは、代表的なタイプとその接し方についてご紹介しましょう。さあ、あなたの上司はどちらのタイプですか？

1　エモーショナルか、ロジカルか？

【エモーショナル・タイプ】直情的、感情を豊かに表現する、勢い任せ、体育会系、共感・共有を大切にする、感動屋、結果だけでなく経緯も評価、自らの体験やノウハウを自分の感性で語る。

このタイプにはこう接する！

・前フリ…「今日はいい天気ですね」「お子さんはお元気ですか？」「今日も頑張ります！」など、会話の冒頭に相手が感情的にポジティブになれる前フリを入れる。

・話のペース…基本的には相手のペースに任せ、気持ちよく進めてもらう。

・話の内容…ときには素直に頼り、仕切ってもらう。わからないことは「わかりません」と白状し、教えを請う。時間の許す限り雑談もＯＫ。

・感情表現…「ありがとうございます！」「嬉しいです！」「大丈夫ですよ！」など、共感や感情、気合いや姿勢をわかりやすく表現する。

【ロジカル・タイプ】 抑制的、理論を重視する、用意周到、沈着冷静、ムダや言い訳を嫌う、ロジカルな議論には反応してくれる。

このタイプにはこう接する！

・前フリ…不要。関係のない話題はただのムダ話。「○○の件ですが、先方からクレームが入っています」など、まず要件と結論を明らかにし、単刀直入に本題に入る。

・話のペース…特に指示されない限り、こちら側で仕切らなければならない。

・話の内容…話しかける以上、すべて自分で展開する。できるだけ細かく、順を追って話す。「どうすればいいでしょうか？」「教えてください」といった助けやアドバイスを求めても響かない。代わりに「これでよいでしょうか？」「見落としていることはありませんか？」など、評価や指示を求めるようにする。雑談は好まれない。

・感情表現…不要。個人的な感情を表現すればするほど評価が下がる危険性がある。

マッキンゼーではほとんどがロジカル・タイプでしたが、クライアントの企業をはじめ、日本の企業にはエモーショナル・タイプも少なくありません。創業経営者にエモーショナル・タイプが多いことは知っておいて損はないでしょう。

2　シングルタスクか、マルチタスクか？

【シングルタスク・タイプ】 このタイプは、基本的にひとつのタスク（作業、仕事）に集中する。ひとつ完了したら、次のタスクに移る。一つひとつを確実に、ていねいに遂行していく。さまざまな案件を同時に進めていくのは苦手。

このタイプにはこう接する！

ひとつの案件に絞って、相談したり、報告したりすること。特に何かにのめり込んでいるときに、同時にいろいろな報連相をすると、怒らせたり、混乱させてしまう。じっくり時間をかけることを厭わないので、折り入って相談するのも一法。

【マルチタスク・タイプ】 このタイプは、同時に複数の作業を進めることが得意で、新たなタスクが生じてもあまりストレスを感じない。一方、多くのことを同時に進めすぎて、忘れてしまったり、中途半端になりやすい傾向もある。

このタイプにはこう接する！

同時にさまざまな案件の報連相をしてＯＫ。頻繁に相談しても心よく聴いてくれることが多い。アイデアも豊富に持っていることが多く、相談やブレストの相手としても理想的。

一見シングルタスクよりもマルチタスクのタイプのほうがまさっているように感じますが、私の経験上、どちらのタイプにも強みがあり、最終的なバリューの出し方には、あまり大差はありません。あくまでタイプの違い、ということなのです。

重要なのは、自分と上司のタイプを見極めて、**自分のタイプの強みを生かしながら、上司のタイプに合わせた仕事の仕方をする**、ということです。

「あの人とは、仕事のやり方が合わない」という摩擦は、このタイプの違いから起こるものだと、私は考えています。

エモーショナル・タイプの上司に対して、部下が感情抜き、理屈だけで説明しても「気持ちのないやつ」と思われてしまう。

逆に、上司がロジカル・タイプなのに、「やる気」だけをアピールしても相手にしてもらえません。

上司がシングルタスク・タイプで、ひとつのことに集中している時にほかのタスクについて尋ねても、上の空の返事しかもらえません。その返事を間に受けて、仕事を進めてしまい、あとあと上司に「何でそんな進め方をしているんだ！」と怒られる。

部下からすると、「だって、あなたの指示に従っただけなのに……」と感じるでしょうが、結局は、上司の指示通り、やり直すしかありません。これによって、仕事は大幅に遅れてしまいます。

タイプの見極めは、公私にかかわらず、どんな人間関係にも有効です。**まずは自分が何タイプなのかを把握し、違うタイプの相手と関わるときには、できるだけ相手に合わせるように心がけると、お互いスムーズなやりとりができるはずです。**


上司も人間。性格やタイプがある。

相手に合わせて接すればよい関係が築けるはず！

習慣12 「1分だけよろしいですか?」と話しかける

上司と部下の関係で、最も摩擦が生じやすいのは、「報・連・相」。つまり報告、連絡、相談をするときです。

この際のコミュニケーションのとり方が、その後の仕事の円滑度を決定する、と言っても過言ではありません。

組織やチームで仕事をするときに「報・連・相」は欠かせませんが、アプローチや「報・連・相」の中身に工夫がなければ、お互いの時間をムダにしてしまいます。

まずは、正しいアプローチのポイントを考えてみましょう。

あなたの上司は、数々のプロジェクトを抱え、毎日忙しそうです。離席が多く、戻ってもすぐに集中して電話のメモを処理し、パソコンで作業をはじめます。

いまあなたは、どうしても上司にまとまった時間をもらい、明確な判断を仰がなければ、仕事が前に進まない状況です。仕事が滞れば、指示した部長自身も結果的に困るはず。

そこで、部長が席に戻って一息ついていた好機をとらえ、スーッと寄っていき、こんな言葉で話しかけました。

「部長！　明日の14時って空いてますか？」

明日の14時までには現時点での完璧な状態に持っていける。そして30分程度あれば「報・連・相」のすべてを消化できるだろう。そんな心づもりだったのです。

しかし、部長の返答は期待はずれどころか、びっくりするほど冷たいものでした。

「忙しいから、また今度にして!!」

上司がそっけなかった3つのワケとは？

なぜ、部長はそんなにそっけない態度をとったのでしょうか？
まず、**決定的にまずかったのは、あなたの都合で日時を仕切ってしまったこと**です。
「こっちは、ただでさえ1分1秒が惜しい状況なのに、おいおい、勘違いしていないか？」と指摘されればまだいいほうで、「エモーショナルでシングルタスク」タイプ（p.75、77参照）の上司なら、次のように瞬間的に激怒しかねません。

「何で、お前の都合で決めるんだ！」

2つ目の問題は、**所要時間がわからないことです**。この聞き方では、5分で終わる話なのか、30分かかる話なのか、部長は判断ができません。

そして、3つ目の問題。**何の要件かを伝えていないことです**。

上司からすると、いきなり「明日、時間ありますか？」と言われたら、「もしかして辞表を出す気かな？」「何か困った相談事かな……」などと、一瞬、身構えてしまうかもしれません。

こんなとき、上司は平静を装うために、そっけない態度をとることがあるのです。

では、どう聞けばよかったのか？

このケースでの模範解答例は、

「部長、○○の件で、いま１分だけよろしいですか？」

です。

- **要件は何か**
- **何分かかるのか**

を同時に伝えるのです。

こうすれば、この要件は、もとは部長自身が業務として命令したことですから、忙しい時間を割いて相談を受けるべきかどうかを部長自身が判断できます。

それよりももっと優先しなければならないタスクがあるのだとすれば、きっと「ごめん、10分後に声をかけて」とか「夕方でもいい？」「メールしておいて」と代案を出してくれることでしょう。

「1分だけ」というのは、あくまで上司に「すぐ終わりますよ」と安心感を与えるための手段です。

できるだけ早く簡潔に「報・連・相」を行うことも部下の役目ですが、上司は聞きはじめたら、自分で納得がいくまでは説明を続けさせるもの。実際に1分で終わらなくてもいいわけです。

つまり、**説明をはじめてしまえばこっちのもので、止められるまでは何分でも続けて構わないのです。**「1分」と言うことで、いくら上司が忙しくても、断りにくい状況をつくり出せます。
ときには本当に1分後に終わることもあるでしょうが、たいがいは5分、10分と話が続くでしょう。その過程で心配事、相談事にも有益なアドバイスをくれて、仕事の質的な向上や、評価の高まりも期待できるはずです。

声のかけ方ひとつだけで、上司も部下もスムーズに仕事ができます。上司の時間をうまくもらえないことで、仕事の遅れは1週間にも、1カ月にも及んでしまうことがあります。
そんなことにならないよう、上手に話しかけて、きちんと時間を割いてもらうように心がけてくださいね。

上司には、「○○の件、いま1分だけいいですか？」と話しかけると、時間をとってもらいやすい

習慣13

30秒で、3つの要点を話す

「いま、1分だけよろしいですか?」と話しかけて、上司の時間を上手に確保したら、次は、実際に「報・連・相」を簡潔にやらないといけません。

アメリカのシリコンバレーで、若い経営者がエレベーターの前で有力な投資家をつかまえ、一緒に乗り込んで30秒で自分のビジネスプランの魅力を説明し、巨額の資金を引き出すことに成功したという、いわゆる**「エレベータートーク」**。

そんなサクセスストーリーが本当にあったのかどうかはさておき、この話のオリジナルは、マッキンゼーの**「エレベーターテスト」**だというのが定説です。

現状の問題点や改善点など、クライアントから説明しろと言われれば、エレベーター移動の30秒で説明できるくらい精通していなければならない、という教えです。

つまり、マッキンゼーで働いている社員は、**上司に「いま、1分だけよろしいです**

か？」と話しかけて許可をもらった後、実際に、30秒前後でポイントを説明し、残りの30秒で上司に判断を仰ぐような訓練をしているのです。

たった30秒？　と思われるでしょう。でも慣れてしまえば意外と余裕があるものです。考えてみてください。テレビCMは、わずか15秒で、テレビCM2本分もあるのですから！

テレビCMは、わずか15秒で、具体的な解決策や告知事項まで提示して、見る者の心を動かし、強烈な印象を残します。もちろん私たちにはビジュアルの素材や音楽まではまねできませんが、代わりに時間は倍あるわけです。

30秒で相手に簡潔に伝えるために、マッキンゼーの優秀なコンサルタントたちが使うテクニックは**「ポイントを3つにまとめる」**ことです。心理的に、2つでは少なすぎて4つでは多すぎる印象を与え、**3つが安心感を与える**のです。

彼らは普段から思考する際に「3つ」にポイントを分けるクセをつけています。ですから、30秒以内で話をまとめられるほど、クリアに、本質だけをシンプルに把握できているのです。

逆に、30秒以上になってしまうということは、最も伝えたいことが、そもそも明確になっていないということです。
では、どうやって3つにまとめるのでしょうか？

どうやって「3つ」にまとめるの？

プレゼンであろうと、「報・連・相」であろうと、まず伝えたい内容を、原則として次の3つの要素に分けてみてください。

1　現状の把握
2　現状の解釈、または意味合いの抽出
3　結論、または解決策の提案

わかりやすい例は、第1章で述べた「空・雨・傘」（p．32参照）です。いままさに外出しようとしている人をつかまえて、30秒以内で傘を持って出かけるよう説得するならば、次のようなプレゼンになるはずです。

【例1　相手に傘を持っていくよう提案する場合】

1　現状の把握

「○○さん、ちょっと待って！　空を見てください。真っ黒な雲が広がっていますよ」

2　現状の解釈、または意味合いの抽出

「この後、強い雨が降るかもしれません。ずぶ濡れになるかもしれませんよ」

3　結論、または解決策の提案

「どうぞ、この傘をお持ちください」

この3つを実際に伝えるときには、伝える順番を「結論→理由」に変換します。特にビジネスでは、**結論を先に伝えてから、次にその理由を伝えるのが基本です。**

「どうぞ、傘を持っていってください。なぜなら、空を見てください。真っ黒な雲が広がっていますので、急に強い雨が降ってくるかもしれませんから」

このように結論を先に言ってから、理由をプラスしてください。
次に、取引先の担当者からクレームを受け、上司である部長に急いで報告、相談しなければならないケースを考えてみます。

【例2　取引先からのクレームを上司に相談する場合】

1　現状の把握
「○○社の件ですが、担当の△△さんから、進行のスピードが遅いとクレームを受けています」
2　現状の解釈、または意味合いの抽出
「こちらとしては当初の予定通りに進めているのですが、どこかの段階で誤解が生じているようです。このままでは全体の進行に支障をきたす可能性があります」
3　結論、または解決策の提案
「一度、先方の部長も交えて、全体の流れを再確認する必要があると思いますので、直近で、社内打ち合わせと、先方を訪問する時間をつくっていただけませんか？」

実際には、先ほどと同様に、これを「**結論→理由**」の順番に入れ替えて伝えます。

「部長、近々、社内打ち合わせと、○○社にご同行いただく時間をつくっていただけませんか？　○○社の件、こちらとしては、当初の予定通りに進めているのですが、どこかの段階で誤解が生じてしまい、先方の担当の△△さんから、進行のスピードが遅いとクレームを受けました。このままでは、全体の進行にも支障をきたす可能性もあるもので」

この分量で、ゆっくり話せば、およそ30秒です。30秒というのは、あくまでひとつの目安。本質は、本当に大切なことだけに絞り込み、それを3つのフェーズに分解して話をすると、相手に伝わりやすい、ということです。

明日、エレベーターで会った人に、練習のつもりで、早速実践してみてください。

> 30秒で、3つのポイントに分けて説明する訓練をしよう！

習慣 14

「事実」をベースに「仮説」を伝える

マッキンゼーで、だれもが心がけている話し方があります。

それは、話している内容の種類を明らかにすること。つまり、**その内容が、客観的な「事実」なのか、話し手の「意見」なのかをはっきり示すことです。**

クライアントである外食チェーンのライバル企業を、同じ時間、同じ方法でリサーチしてきたAとB2人の部下が、上司に報告をしたとします。

A「平日はガラガラなのに、土日は結構混んでました。客単価も土日のほうが高そうでしたね。コーヒーがなかなかおいしかったですよ」

B「平日の客数は各店平均で200人なのに対して、土日は320人と1・6倍に増えていて、客単価も１・３倍でした。分析したところ、土日には車で来るファミリー層が増えていて、これによって客数が増えています」

どちらが優秀なリサーチ＆報告かは、説明するまでもありません。それなりに長い時間を使ってリサーチしたとしても、Ａの報告のバリューはほぼゼロです。

いかに、同じようなデータを集め、同じ現場に足を運んだとしても、**そこで起きているできごとをどう認識し、自分視点を排してニュートラルな立場で報告できるか。**それがリサーチや仮説の検証、そして解決策のクオリティーまで大きく左右します。

まず「事実」を言い、そこから導いた「仮説」を伝える

自分の心で感じたことを押しつぶす必要はありません。

しかし、それが自分視点でしかないと理解し、客観的な事実で裏付けることが大切です。この心がけができなければ、延々と聞かれもしない「意見」を報告し続けることになってしまいます。

こうしたクセがついてしまうと、どんどん自分の意見に自分自身が引っ張られて、結局自分や、自分の属する組織、チームの足までを引っ張ることになります。

リサーチや報告で、まず大切なのは「事実」です。

何となくガラガラに見えた、何となく混んでいた、コーヒーがおいしかった、といった「意見」ではなく、数字に基づいた「事実」を上司は求めているのです。そうでなければ、上司も正確な状況判断ができません。

「事実」を報告すると、たいていの上司は「で、きみはどう思う？」と聞いてくれるものです。「意見」を言うのはそれからでいいわけです。

「事実」に基づいた上で、自分の「意見」をプラスする。さらにこのとき、その事実に基づいた自分なりの「仮説」を言えると、信頼される可能性大です。

たとえば、先ほどのBの場合、

「競合は、平日の客数は各店平均で２００人なのに対して、土日は３２０人と１・６倍に増えていて、客単価も１・３倍でした。分析したところ、土日は車で来るファミリー層が増えていて、これによって客数が増えています。**よってこちらも、土日に家**

族向けのイベントを増やして、ファミリー層を取り込むのはどうでしょうか？」

太字の部分が、事実に基づいた自分なりの「仮説」です。

あるいは、

「よって、こちらは、土日に独身の若者層を取り込むイベントを打って、若者層を取り込むことで、競合との共食いを回避するのはどうでしょうか？」

と仮説を伝えることもできるかもしれません。

いま、あなたが相手から求められているのは、「事実」ですか？　それとも「意見」ですか？

それをきちんとつかんだ上で話をすれば、上司とのコミュニケーションはスムーズにいくでしょう。

まず、「事実」の報告が必要。
その上で、上司が求めるなら「意見」「仮説」を言おう

習慣15

上司の机を観察する

上司はあなただけを管理監督しているわけではありません。ほかの部下も、ほかの部署や自分の上司も、取引先にも対応しているわけですから、あなたよりもずっと複雑なオペレーションをこなしているはずです。

こんな状況にもかかわらず、どうすれば、上司があなたのことを優先するようにもっていけるかがポイントになります。

ここまで、上司への「話し方」を説明してきましたが、上司が離席しているときに、メモやメールで「報・連・相」をしなければならない場合もありますよね。

通常、上司が離席しているときにメッセージを残す方法は、少し込み入った業務連絡であればメールでしょうし、外部から電話がかかってきたような場合は、手書きのメモを残すケースが大半でしょう。

でも、**メールを送ったからといって、上司がすぐに返信してくれるとは限りません。**返信が遅くなればなるほど、あなたの仕事は前に進まない状況に陥ります。

そこで、ここでは**「メモを上手に活用する方法」**をご紹介します。

上司にとって、部下からのメールは件名だけを見てあと回しにしがちですが、机に戻ったときに、目の前にメモが貼ってあれば、「何だろう？」と気になるものです。

しかし、ただメモを貼ればいいというものではありません。上司の目に留まり、きちんと読んでもらい、レスポンスをもらえるような状況をつくり出す必要があります。

ポイントは**「机」**です。

メモテクニック①　どこに貼るか？

メモを貼るときに最も大切なことは、**上司の机の状態を観察する**、ということです。

机の上の整理が苦手で、あちこちに乱雑に物が置かれているようなタイプの上司なら、メモを貼る場所は、２カ所。

PCモニターの脇か、キーボードの上のどちらか。確実に、目に留まるでしょう。

メモテクニック② 何色のメモを貼るか？

では、整理整頓が行き届いている上司の机なら、適当にメモを貼っていいかというと、そうではありません。たいてい、この手の上司は、すでに、きちんと整理された状態で、自分のタスク管理のために複数のメモを貼っているはずです。そこに、ポンとメモを貼ってしまうと、埋没してしまい、気づいてもらえないかもしれません。

そこで、テクニック。**上司が使っているメモと違う色のメモを貼るのです。**なんだ、それだけ？ と感じるかもしれませんが、ブルーのメモだらけのところに、ピンクのメモが1枚貼ってあれば、誰だって違和感を覚えて気づいてくれるものです。シンプルな方法ですが、とても有効です。

これは部下や後輩、同僚に対しても同じ。あらかじめ何種類か異なる色のメモを用意しておき、相手の机の状態に合わせて使い分けましょう。メモに気づいてもらえなくて、仕事が滞ってしまった……となる前に、気づいてもらう工夫が大切なのです。

メモテクニック③ 何を書くか？

最後は、何を書くか。ここはシンプルに88ページでご紹介した**「3つのポイント」**

（1　現状の把握、2　現状の解釈、または意味合いの抽出、3　結論、または解決策の提案）を伝えるのです。エレベーターのなかで30秒で簡潔に伝えるのと同様、小さなメモのなかで簡潔に要点を伝えるわけです。

マッキンゼーには「Ｆｒｏｍ（発信者）／Ｔｏ（受信者）」を書き込む欄がある連絡用のメモ用紙がありました。このメモに３つの要点を書いて、上司の机の上に貼ったのを思い出します。

ちなみに、上司の机を観察することは、メモを貼るときにだけ役立つわけではありません。置いてある本によって、上司の好みがわかりますし、机の上がめずらしく乱雑になっているのなら「いまは、きっと忙しいんだな」と想像することもできます。声をかけたり、メモを貼るのは、かならず机を観察したあとに行ってください。

机の上を見れば、忙しさや好みがわかる。声かけやメモを貼るときは、かならず観察して

習慣 16

メールの件名に【◯◯】と書く

「メモ」の次は、「メール」のお話をしましょう。

忙しい上司の元には、当然のことながら、山ほどメールが送られてきます。では、彼らはどのようにして、優先的に読むべきメールを分別しているのでしょうか？

まずは、**「送信者の名前」**。

最優先で読むべき人から送られてきたメールは、内容が何であろうとかならず目を通すはずです。社長からきたメールをあと回しにする人はいませんよね。場合によっては、重要な人をあらかじめフォルダ分けしているかもしれません。

では、部下はどうかというと、上司や得意先と比べるとどうしても優先順位が低くなってしまう……というのが多くの上司の本音ではないでしょうか。

つまり、あなたが上司にメールを送った場合、自分が優先されることはない、と考えておいたほうがいいでしょう。

とすると、部下であるあなたが送ったメールであっても、上司に優先的に見てもらうように仕向けるためには、どうすればいいのか。

答えはひとつしかありません。

「件名」を上手につけるのです。

送信者だけでは「即読むべきメール」に該当しない場合でも、内容によっては早く読まなければならないケースがあります。それを「件名」でアピールするわけです。

「読みたくなる件名」と「読みたくない件名」は何がちがうのか？

では、あなたが忙しい上司にできるだけ早く読んでほしいメールを送る場合を考えてみましょう。そのメールを読み、確認してもらわないことには、あなたの仕事は遅れ、時間はどんどん奪われます。

しかしあなた自身の名前は、送信者として上司がすぐ読んでくれるほどのランクにはありません。そこで件名でアピールするため、次のような文言を入れてみました。

さて、どちらが読んでもらえるでしょうか？

A【ご相談】A社進捗状況の○○

B【重要！】A社進捗状況の○○

答えはAです。「相談」という言葉が入ることで、目に留まり、本文まで読んでもらえる可能性が高まります。この言葉によって、上司は、「何か問題が起きたのかな？」「スルーできないな」という印象を持つはずです。

ただし、本当に重要な、折り入って相談があるときにだけ使うようにしてください。いつも使っていると、「またか……」とスルーされるのがオチですから。

では、Bの「重要！」は何がいけないのでしょうか？

そのメールが「重要」かどうかを決めるのは、あくまで読み手です。まして、読み手はあなたよりキャリアも経験も、立場も上にいる上司です。

【重要！】と件名に入れられたほうからすると、「これは重要だから早く読め！」と経験の浅い人に言われているわけですから、気分を損ねて当然です。

同様に【緊急！】【至急！】【本日中にお願いします】などの文言も避けるべきです。時間的な重要性を決めるのも、あくまで上司です。そもそも、緊急なことや重要なことは、口頭で伝えるべきです。

早く読んでもらえれば、自分の仕事も速く進む。ならば、早く読んでくれと押し付けるより、早く読みたくなるような仕掛けをしたほうが効果的です。

【ご相談】○○の件と書くだけで、上司は気になってメールを開くものです。

マッキンゼーのメールの基本

マッキンゼーでは、できるだけメールは簡潔に短く、が鉄則でした。

相手ができるだけ短時間で要点がわかるように、スクロールしないで1画面で見られるようにまとめていました。たとえば、次のような具合です。

件名：【ご相談】○○の件
本文：現状では、次の3つがポイントです。
1　○○○
2　○○○○○
3　○○○○

これらを踏まえ、△△の方向で進める予定ですが、
問題ありませんでしょうか？

また、**メールの返信はできるだけ早くしていました**。もし、返信内容を考える必要があって時間がかかりそうなら、「少し検討してから、あらためて明日のお昼ごろまでに返信します」とすぐに一報し、期限を伝えましょう。

マッキンゼー元日本支社長の大前研一さんはこう言っていました。

「人に仕事を頼むときは、前もってその人の仕事の速さを知っておくと間違いがない。このレスポンス・タイムを知りたければ、一度メールを送ってみるといい。私の経験だと、返事の速い人ほど仕事も速い」

メールのレスポンスの速さで、その人の仕事の速さをはかることもできるというわけです。

「重要」かどうかを判断するのは上司。
「ご相談」と書けば、上司も気にしてくれる

習慣17 途中途中で上司に確認を入れる

部下であるあなたには、上司から命じられた仕事を時間内に、最低限のクオリティーを確保した上で仕上げることが求められます。

したがって、あなたがまず上司に確認しなければならないのは以下の3つです。

1 その仕事をいつまでに終えるのか
2 仕事の意図、方向性
3 求められているクオリティー

ビジネスパーソンには、「1」の期限の確認を怠っている人が少なからずいます。

もっとも、本来は上司の側から明確に期限を知らせるべきです。しかし、多忙な上司ほど、期限よりも内容面の説明に時間を割きがちです。そこで「上司が期限を切らなかった」ということを担保に、勝手に「余裕があるときに取りかかればいい仕事だな」と解釈し、あと回しにしたり、ひどい場合は放置したりします。

後日、上司から「あの件どうなった？」と指摘されて、じつはほとんど進めていなかったことが露呈したりします。上司は、猛烈に怒るでしょう。自分のチームのバリューが出せず、非常に困ります。その部下に対する評価も、当然下がるでしょう。

その努力、むくわれていますか？

また、仕事を進める過程で、**その仕事の意図や方向性、求められているクオリティーにズレがないかどうかを、上司に逐一確認しておく必要があります。**

最初に指示を受けた時点で、それらを共有できたと思い込み、道中の確認をしないまま、自信を持って2週間後のミーティングに臨みます。

ところが、レポートを話しはじめると、上司の表情が曇りはじめます。

「この間言ったことを聴いていたのか？　そういうことじゃないんだよ！」

上司の指示と、部下の受け止め方にズレがあり、せっかく頑張ってレポートを仕上げたのに、上司の指示とはまったく違う方向に進んでしまっていたのです。

こうした事態を避けるために、**複雑で期限が長い仕事ほど、かならず途中で上司に確認を求めるようにしましょう。それもかなり早い段階で上司に確認することが、仕事の良しあしを決めることになります。**

膨大なデータの処理や、手間のかかるリサーチを行う前に、かならず了解を得て、できればアドバイスや修正を求めてください。

私はマッキンゼー時代、上司から「金融機関の現状や動向を調べてほしい」と言われたことがあります。

まず、その目的は何か？　いつまでか？　を確認しました。

そして、翌日には、どのような方向で何を調べるのか、計画を立てて、上司に確認をしました。

「今回は、各金融機関の経営戦略と収益の良しあしから成功している金融機関の成功の鍵を明確にするという方向性で、各銀行の規模、収益構造、経営戦略、財務状況を分析しようと思いますが、よろしいでしょうか？」

このように、**自分なりの方針を決めた時点で、問題がないか、早めに確認することが大切です。**もし間違っていることがわかれば、この時点で軌道修正ができます。

とにかく、早めに相談すること。できれば仕事の指示があってから、半日以内。朝言われたら、午後一番に。午後に言われたら、夕方か翌朝には確認する。そうすれば、上司もその件の詳細がしっかり頭に入っているので、判断がしやすいでしょう。

他社とのメールのやりとりが発生するのなら、上司にも「ＣＣ」で送りましょう。声のかけ方、メモやメールの上手な使い方は、このためにあると言ってもいいのです。早め早めにチェックを受けられれば、最終的な方向性がズレることもなくなります。これによってロスなく、速く、仕事を完結させることができるのです。

> 軌道修正を速くできればムダが少ない。
> 抱え込まずに途中で相談したほうが気持ちも楽！

第3章

「タスク」を視覚化する

「ダンドリ上手」の習慣

「大切なのは肌感覚です。頭のなかだけで考えたダンドリは、実態を反映していないズレたものになりがちです。

現場の人が、『あの人、わかってないな』と感じるのは、だいたいこのパターンです。

一方、勘のいい人は、自分でひと通り経験をして現場の肌感覚を身につけた上で、ロジカルにやるべきことを決めていきます」


——小暮真久（社会起業家／マッキンゼー出身）

カリスマシェフでも、客を3時間は待たせない

どんな仕事であろうと、時間の束縛から逃れることはできません。高名なアーティストでもない限り、好きなだけ時間を使って仕事をすることは許されないわけです。

有名料理店のシェフであっても、料理をはじめてから3時間もお客さんを待たせるわけにはいきませんよね。「仕込みが納得いかなかったから、やり直す。客には待っていてもらえ！」なんて言えません。

サッカー選手も同じ。前後半合わせて90分のなかで、自分の最高のパフォーマンスを出さないといけません。「ようやく調子が出てきたから、あと10分追加して！」とは言えないわけです。

およそ、あらゆる仕事は誰かのために行われています。**求める側が提示している締め切り、期限がある。その限られた時間内に最高のパフォーマンスをあげることこそが、プロフェッショナルの絶対条件なのです。**

期限、締め切り、納期、引き渡し日、あるいは発表日。さまざまな言葉で設定され

る時間的な制約を認識したら、次に考えるべきことは、現時点とその日までにやるべきことをスケジューリングすることです。

有限の時間を有効活用するには？　そのために考えるのが、**「ダンドリ」**です。

「ダンドリ」には、もうひとつの側面があります。

私たちは、同じ時期にひとつの仕事だけをしているわけではありません。さまざまな仕事、入り組んだタスクがあり、それぞれの仕事に段階があります。

1日のなかで、異なる性格のタスクをどのように処理していくのか。そして錯綜するタスクをどうマネジメントし、ミスを減らしながら高速化するか。こうしたことも、ダンドリの大切な機能なのです。

ダンドリがうまく組めれば、時間の余裕が生まれます。1時間かかっていた仕事が30分で、1週間の仕事が3日で終われば、そこで生まれた時間の余裕を休息に充てたり、さらなる品質向上に使うのも自由。こうして仕事の自由度が広がるわけです。

ダンドリは、組織にいながらでも、自分ひとりだけで大幅に改善できます。マッキンゼーには、ダンドリを組むのが上手な人がたくさんいました。ここでは、そんなダンドリ上手になるための習慣をご紹介していきます。

習慣 18

「仕事を頼んできた人」の意図を確認する

仕事のダンドリと言っても、別に難しい話ではありません。

受験生のころを思い出してみてください。

楽しい時間や、本当にやりたい勉強を犠牲にして、志望校の入学試験をクリアするために取り組むのが受験勉強です。

ならば、最短の時間で合格のボーダーラインをギリギリ超えられればとても効率的です。予備校の授業も、使うべき参考書も、勉強の方法も、すべて**「最短の時間」**で合格するために考えられているわけです。

まず、**「受験日」**を知らなければ、勉強の計画の立てようがありません。

そして、**「志望校の受験科目」**は何なのかを確かめるはずです。

さらに過去の入試問題を入手し、ネット上や予備校などから情報を集めて、**「出題傾向」**を探るはずです。英語が国語の倍の配点なのに、国語の勉強ばかりしては非効率です。漢文はまったく出題されないのに、漢文の勉強をひたすら続けるのは、非効率を通り越してムダになってしまいますよね。

試験に出ない内容を勉強しても仕方がない

仕事に変換するとこういうことです。

「受験日」は、**「締め切り期日」**。
「志望校の受験科目」は、**「何のための仕事なのか」**。
「出題傾向」に当たるのが、**「どんな背景と意図があるのか」**。

大切なことは、これらの答えを決めるのは、あなたではなく、仕事を頼んできた上司や取引先だということです。

だからこそ、相手にきちんと確認する必要があるのです。

あなたに、上司から取引先のライバルである外食企業の現状を探るという仕事が与えられたとしましょう。

もし、期日や意図、目的、背景の確認がなければ、鉄砲玉のごとく現場に飛び出し、闇雲に調べはじめてしまうでしょう。

相手が知りたいのは、店舗のコンセプトやホスピタリティーかもしれない。あるいは原材料の調達先や調理法、独自の仕入れルート、出店戦略や人材教育などかもしれません。

上司に何の確認もなく、闇雲に自分が気になることを選んで、毎日睡眠時間を削って働き、充実のレポートを仕上げたとしても、

「いや、私が知りたかったのは、ライバル会社の価格政策についてだよ。価格決定の考え方や仕組みが知りたかったんだ」

と言われたら、リサーチは一からやり直しです。この間の、時間の多くはムダにな

ってしまいます。**期日、何のためにこの仕事を頼まれたのか、どんな背景と意図があるのかを、仕事にかかる前にかならず確認しましょう。**

その上で時間の使い方を考えると、効率面でも、クオリティー面でもプラスが大きくなります。

さらに、**リサーチの途中で、方向性が間違っていないか、上司に何度か確認をとれば、ダンドリとしてはパーフェクトです。**

まず、仕事を頼んだ人の意図や背景を確認して。
次に、それに応える最速のダンドリを考えよう

習慣 19

マトリックス上にタスクを貼る

ダンドリ上手な人は、タスク（やること）の管理が上手な人と言ってもいいでしょう。つまり、**やるべきことの優先順位をつけるのが上手な人です。**

忙しい人は、さまざまなタスクを抱えているケースがほとんどです。あれもやらなければいけない、これも忘れてはいけない、という状況で、自分なりの優先順位をつけて処理していきます。

ここでは、ひとつのベーシックなタスク管理方法をお伝えしましょう。

キーワードは**「視覚化」**です。

もっともシンプルな方法は、付箋やノート、あるいはコピー用紙などに、一つひとつのタスクを**「ToDoリスト」**として書き出すやり方です。

でも、これだけでは、視覚化したことになりません。なぜか？

何が緊急で、何が重要なのかがわからないからです。

そこで、64ページでもご紹介した「緊急度と重要度のマトリックス」を活用します。ノートの1ページを使って、このマトリックスを大きめに描き、タスクを書いた付箋を、該当する枠に貼っていくのです。

そして、**「重要で緊急」なタスク→「重要ではないが緊急」なタスク→「緊急ではないが重要」なタスク→「重要でも緊急でもない」タスク**、の順に処理していきます。

処理したら、付箋をはがして捨てるか、線で消していきます。

■緊急度と重要度のマトリックス

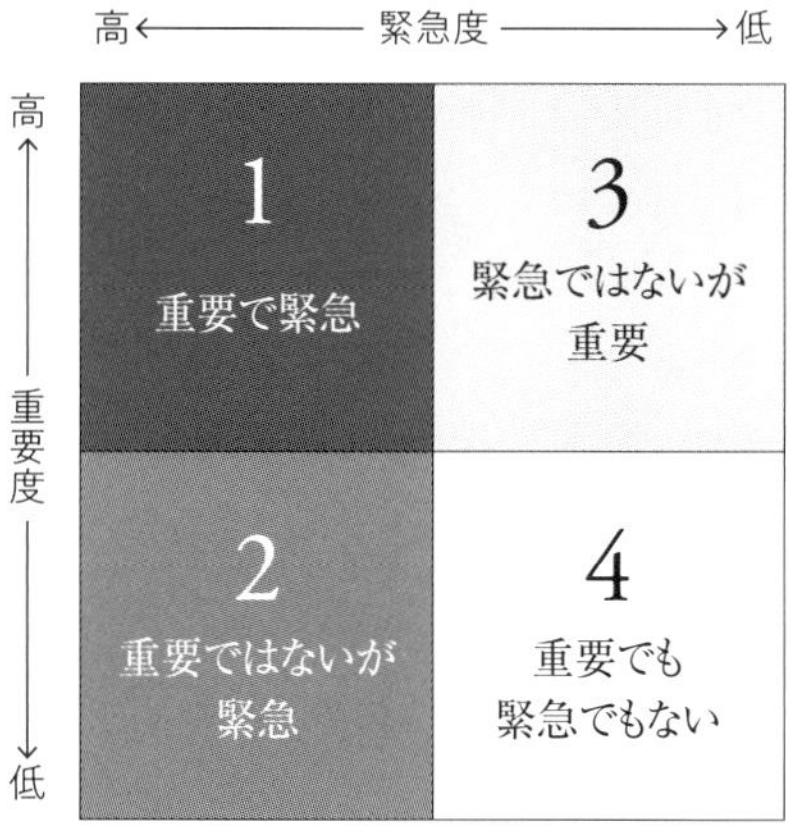

1日の終わりにはチェックしましょう。随時、このマトリックスをチェックすることで、新しいタスクの貼り付け、消し込みが発生します。

ビジネスもプライベートも一緒に視覚化しよう

これを発展させて、**1週間、1カ月、1年間のマトリックスをつくって、タスクを貼っていくと、中長期のタスクが視覚化できます。**さらに、**そこにプライベートのタスクも混ぜれば、自分の生活全般を視覚化できます。**

たとえば、通っている大学院の課題締め切りや発表のタイミング、趣味で活動しているサークルのイベント、子どもの誕生日や結婚記念日、さらには引っ越しや運転免許証の書き換え、町内会のイベントで子どもたちのためにサンタクロースを演じる予定などが加わるかもしれません。

どれも仕事とは関係のないタスクですが、私たちは決して仕事だけをしているわけではありません。プライベートにもタスクはあります。

仕事のタスクとプライベートのタスク、異なる性格のものではありますが、結局、実践するのは、あなた一人です。どちらもこなす必要があるのですから、まとめて視覚化してしまいましょう。

複雑になればなるほど、視覚化の効果が高くなります。短期的なタスクに没頭していて中期的な時間の感覚を失い、気がついたら結婚記念日の準備をまったく忘れていた、なんていう「事故」も避けられるようになりますよ。

あらゆるタスクを視覚化すれば
仕事もプライベートも「できる人」に！

習慣 20

いつでも机をきれいに保つ

大きなバリューを出している人に共通しているのは、**「忙しくても机がきれい」**ということです。シンプルなことですが、これはきわめて大切なことだと感じます。

マッキンゼーでも、できる先輩たちは、みな机がきれいでした。私が目撃した限り、机が非常に汚い人、整理整頓ができない人はあまり記憶にありません。したがって、汚いときはよほどの緊急事態だと想像できました。

マッキンゼー時代、ある先輩（有名企業の経営者を歴任されている方）の机の前を通ると、あまりに整理整頓された様子に感心したことを、いまでも鮮明に覚えています。そのきれいな机で、いつも集中して黙々と仕事をされていた姿が印象的でした。

最高のアウトプットをするためには、仕事場がきちんと整理整頓された環境であることが大切なのです。机の状態は、その人の頭のなかの状態と同じです。

これは、マッキンゼーが新入社員に対して、口を酸っぱくして整理整頓を説いていたということではありません。

しかし、深く思考し、あれこれ仮説を考え、検証することが仕事である以上、自分の身の回りの整理ができていないと、発想や思考が乱れるのです。視野に余計なものが入ってきただけで、集中を妨げられることもあります。退社時は引き出しにすべての書類や備品を入れ、机の上はパソコンだけ、というのが基本でした。

また、**時間の短縮化、効率化のためにも、きちんと整理整頓をしておくべきです。**使いたい資料、処理しかかっているデータ、参考資料や書籍がすぐに取り出せなければ、じりじりと、しかし確実に時間をムダにしていきます。

質的にも時間的にも、整理整頓された机で仕事をしたほうが、集中力が研ぎすまされ、大きなバリューを生むことができるのです。

古い成果物は、迷わず捨てる

整理整頓の基本は、言うまでもなく**「断捨離」**です。とにかく、徹底して捨ててしまうことです。

大部分はペーパーレス化されたとはいえ、いまでも机の上はさまざまな紙の資料であふれているという人も多いでしょう。

そこで、まず、**終わった仕事、完結したプロジェクトの資料は、最終的な報告書（成果物）を除いて、一律的に、例外なく処分するようにします。**

取引先やクライアントから入手した資料は、すべて確実に返却します。その他の資料は、かならずシュレッダーにかけます。仮説と検証の過程における「副産物」には秘密のデータが満載ですから、秘匿性を高めるという大切な意味合いもあります。とにかく捨ててしまえば、流出や盗難のリスクもありません。机もキレイになります。

こんなとき落とし穴になるのは、「せっかく苦労して仕上げた仕事だから、この資料だけは残しておきたい」とか、「この資料はあとで何かの役に立つかもしれない」などといった気持ちです。

私の経験上、そうした資料があとから役に立ったケースは、ほぼゼロです。

その時点でのデータやリサーチの成果など、1～2年も経過してしまえば無価値です。むしろ流用するようなことがあってはなりません。「ゼロ発想」の邪魔になってしまうこともあります。

もっと俯瞰《ふかん》して考えれば、時間がたてばたつほど、数値的なデータ以上に、ビジネスを取り巻く環境、そして世の中の状況そのものも変化していきます。私なら、自分が2年も3年も前に考えていたことを参考にはできません。

これは紙の資料に限った話ではなく、パソコンに保存してあるデータも同様です。**大きな仕事が終わる数カ月に一度は、徹底的に整理整頓することをおすすめします。毎週1回、と決めるのもいいでしょう。**

金曜日の夕方には不必要な書類やデータは捨てる、などスケジュール化しておくといいと思います。すると月曜日からすっきり仕事をはじめられます。気持ちの面でも、リセット効果が期待できますよ。

机の状態は、あなたの頭のなかの状態。
ダンドリ上手な人は、みんな机がきれい

習慣21 CCとBCCを戦略的に使いこなす

いくら完璧にダンドリを組んだとしても、上司や先輩が動いてくれないことで、計画が水泡と化してしまう場合があります。そうした理由で仕事が滞らないように、身につけておきたいテクニックがあります。

メールのCCとBCCを戦略的に使うテクニックです。

念のため確認しておきましょう。一般的なメールの送信先には、3種類のカテゴリーがあります。

【To】そのメールの主たる送信先

【CC】主たる送信先ではないが「内容を知っておいてほしい」という意味合いでコピーを送っている相手。Toの送信先からも見えている

【ＢＣＣ】機能はＣＣと同じだが、送信者とＢＣＣの送信先以外には見えない

それぞれには、明確な立ち位置と使い方があります。細かい話のようですが、頻繁に使うメールですから、完璧に使い分けられると、「できる人」として周囲の信頼を得ることができます。

ＣＣの基本的な使い方は、Ｔｏの送信先に対して、**「この人も、このメールの中身を知っているんですよ」**という宣言です。取引先に担当者としてメールを送る場合、自分の上司にもＣＣで送ると、受け取った取引先に信頼感、安心感を与える効果が期待できるでしょう。「この担当者の上司も承知しているんだな」と。

一方、**本来メールを受け取るべき相手である取引先の担当者をＣＣにしてしまうようなことがあってはなりません。**特にＣＣで送った相手が返信してきたメールにさらに返信する場合に、このようなケースが起こりがちです。

そんな細かいことは気にしない、という人もいるかもしれませんが、怒るかどうかは別としても、送信者のことを**「細かな配慮のできない人」**と評価してしまう危険性は十分にあるでしょう。

ダンドリの悪い先輩を動かすメールテクニックとは

仕事を滞らせず、前に進めるためにも、社内メールでCCとBCCを使い分けることは有効です。

たとえば**「上司と自分の間に先輩が入っていて、どうにも先輩の動きが鈍いためにあるタスクの進行が遅れ気味。そのツケがあとから自分にまわってきそう……」**ということはありませんか？

先輩に対して不安や疑問を述べるメールを送るとき、その上司をCCに入れてしまうと、少々角が立ちます。先輩を告発し、追い落とすようなアクションになってしまい、気を悪くさせてしまうでしょう。

それでも、現状がプロジェクト全体の足を引っ張りそうなのであれば、火が燃え広がらないうちに上司に報告を上げることが取引先のためになります。こんなときは、先輩には気づかれないよう、まず上司に相談した上で、先輩へのメールを、上司にもBCCで送るようにするのです。

そして、上司には、あなたからの報告を参考に、**〝上司自ら気づいた〟**ということにして、その先輩に指導をしてもらうのです。

さらに上司から、先輩の前であなたに対して、**「今後の報告メールは、私もCCで入れておいて」**と言ってもらえば完璧。それ以降は堂々と、上司をCCに入れることで、今度は先輩に対するチェックとしてメールを機能させることができます。

おさらいすると、こうです。

- **先輩にメールを送るとき、その上司にもBCCで送る**
- **上司自ら気づいたことにして、先輩を指導してもらう**
- **その後は、上司にもCCで送る**

できるだけ角が立たないように、でも、進行が遅れることのないよう、テクニックとして身につけておくといいですね。

CCとBCCを上手に使いこなせば、
角を立てずに進行をスムーズにできる

第4章

自分の主張は「質問」に込める

「お客さんの心」をつかむ習慣

「オイシックスの経営は、あくまで
『お客様をいかに喜ばせることができるか』
という点を出発点にしています。
社員にもその意識を浸透させるため、
日々工夫を重ねています」

――髙島宏平（オイシックス創業者／マッキンゼー出身）

お客さんは、自分が何がほしいかわからない

仕事は、たいていだれかのために行われます。

つまり、**「発注者」「依頼者」**が存在します。

マッキンゼーの場合、発注者はクライアントです。一般企業の場合は、取引先の担当者だったり、一般の消費者だったりするでしょう。

多くの仕事が分業であることを考えれば、上司や他部署の担当者が、あなたに仕事を発注してくる場合も多いでしょう。

発注や依頼してくる相手の真意がきちんと読めなければ、いくら頑張ってもいい結果は出せません。相手の真意がわかって初めて、期待に応えたり、期待以上の提案ができたりするわけです。

どんなときも、あなたの仕事の出来を判断するのは、あなたではありません。相手です。成果が上がったか、バリューが高かったかどうかを判断するのは、あくまで発

注者であり、お客さんなのです。

お客さんが「ダメ」と言えば、やり直しをせざるをえません。こうなれば、どんどん時間がかかります。仕事を効率よく進めるためにも、お客さんの真意をきちんと読み取る訓練をすべきです。

たしかに、真意を探ることは決して簡単ではありません。

お客さんには、本音がうまく言えない人、実際の好みを表現できない人、説明が上手ではない人、などいろいろいます。

そもそも、自分が何がほしいのかわかっていないお客さんもたくさんいます。そういった人たちの真意をくみ取り、仕事で形にして、提出しないといけません。たしかに、難しいですよね。

しかし、だからこそ、お客さんに**「これがほしかったんですよ！」**と言われたときの喜びは大きいものです。

相手の真意や本音をうまく引き出すには、メールの書き方、自己紹介の方法、商談場所の選び方など、身につけなければいけない習慣がいくつかあります。ここからは相手の心をつかむ秘訣をお話ししていきますね。

習慣22 対面、メール、電話をうまく使い分ける

ビジネスシーンで相手にものを伝えるときには、おもに3つの手段があります。**対面（リアル／オンライン）、メール、電話**です。この3つを適切に使い分けることで、仕事のクオリティーとスピードはアップします。

まず、**ネガティブなことは電話やメールで済ますのではなく、かならず対面で話をしましょう。緊急な要件も対面（場合によっては電話）にしたほうがいいでしょう。**

メールでは、緊迫感や切迫感はうまく伝えることができません。

誰かと連絡をとるときに、**若い人ほどメールに頼りすぎ、ベテランほど電話に頼りすぎる**、という傾向があるように感じます。

キャリアが浅い人も、ある程度のベテランも、特に「電話の使い方」に無頓着な人が少なくありません。

いまや連絡手段のメインはメールであって、ラインやフェイスブックといったSNSもその代替を果たしはじめています。

そんな状況でわざわざお互い時間を削ってオンタイムで会話する「電話」は、いまのビジネスシーンではとても贅沢な時間です。

「わざわざ電話をしてくるなんて、何かあったのだろうか?」と相手に思わせてしまうこともありますよね。

キャリアが浅い人の場合、ほとんどすべての連絡をメールで行うことが多いでしょう。しかし、メールでは真意が伝わらないことも多く、ましてや相手の真意もきちんと読み取れているか不安なものです。

ですから、ここぞという大切なときには、電話をして、相手の声のトーンなども感じとりながら、話を進めていくのです。もちろん、実際に会って話ができるなら、それに越したことはありません。

電話では、少し遅すぎると思うくらいゆっくり話し、相手の反応を待って、確かめながら話すようにすると、お互いに真意を伝え合うことができます。

火事が起きたら、消防署に電話しますか？　メールしますか？

一方、すでにキャリアがある人ほど、さほど急ぎでもない要件で、いきなり電話をかけてしまうものです。

だれでも経験があると思いますが、何かを考えているときや集中しているときに、電話がかかってくると、確実にペースが乱され、一度流れが切られてしまいます。かけた側はすぐに目的を達成できて便利かもしれませんが、そのぶんだけ相手は迷惑を被っているのです。ですから、**「本当に電話をする必要があるかどうか」**をきちんと考える必要があります。

めったに電話をかけない新人たちと、軽い気持ちで電話をかけてしまうベテラン。本当は、この中間くらいに落とし所があるのではないでしょうか。

まず、**電話をかけるのは、誰がどう考えても急ぎの用件のときです**。トラブルが起きているのに、メールで悠長に知らせている場合ではありません。火事になっているのに、消防署にメールをする人はいませんよね。

一方で、電話かメールか判断に迷う場合や、急ぎではないけれど自分の都合で電話を使いたい場合であれば、まずはメールで**「電話をかけてもいいかどうか」**を相手に尋ねるといいでしょう。

その際、**用件と、聞きたいこと、そして電話にかかるであろうおおよその時間**を書き添えておけば、自分も考えを整理できますし、相手も準備ができます。

たとえば、「○○の件に関してお電話で5分ほどお話をしたいのですが、ご都合いかがでしょうか?」といった内容をメールで確認するのです。

結果として会話はスムーズになり、確認もれも起こりにくくなります。いきなり電話をしてしまうと、相手も面食らってしまって整理ができず、真意を話してくれないことがあります。相手の真意を引き出すためには、メールと電話を組み合わせて活用しましょう。

電話のかけすぎ、かけなさすぎに注意。
メールと電話を併用して、相手の真意をくみ取ろう

習慣23

相手に「共通点」を探してもらう仕掛けをする

仕事が遅い人は、相手のふところに入っていくのがうまくありません。相手との距離がなかなか縮まらず、打ち解けるのに時間がかかる。そのため、相手の真意がわからず、要求されている内容とズレた仕事をしてしまいます。その結果、相手に「何かちがうんですよね……」と言われ、いつまでも何がちがうかわからずに結果が出せない、という状態に陥ってしまいます。

逆に、**仕事が速い人は、相手のふところに入るのも速いものです。**相手の好みや趣味などをいち早く聞き出し、それを仕事に取り入れて、相手を満足させていきます。

では、どうすれば、いち早く相手のふところに入ることができるのか。大切なのは、最初の**「自己紹介」**です。ビジネスにおいては、初めて会ったときに、名刺交換をして、簡単に自己紹介をし合う機会があります。

相手のふところに入るコツは、自己紹介で相手との「共通点を探す」ことです。

共通点を探すとっておきの方法

「共通点を探す」と言うと、相手のプロフィールから自分との共通点を探す、と考えがちですが、じつはお互い、同時に共通点を探すような状況をつくることが大切。**まず、あなたのプロフィールと相手との共通点を探してもらう機会を提供するのです。**

共通点といっても、特別なことではありません。年齢・世代、出身地や出身校、趣味、好きな食べ物やテレビ番組、音楽やスポーツでもいいのです。

相手が共通点を探しやすいように、さまざまな角度から自己紹介することが大切です。ただし、手短かにしてください。基本は相手の話を聞くことです。

人は「出身県が同じ」というだけでも、親近感がわくもの。あなたのプロフィールをうまく伝えることができれば、相手も「あ、私もなんですよ！」となるのです。

とはいえ、名刺交換で、いきなりあなたの趣味や経歴を長々と話し出したら、相手は困惑してしまいます。「一体何なんだ、きみは！」と顰蹙《ひんしゅく》をかうかもしれません。

そこでおすすめしたいのが、**自己紹介や職務経歴、趣味などをまとめた「プロフィールシート」を見せることです。名刺の裏にプロフィールを書いてもいいでしょう。**

プロフィールシートの書き方、渡し方

プロフィールシートの書式はまったく自由です。とにかく、**相手が見やすいようにコンパクトに1枚にまとめること。A4サイズでもいいし、ハガキサイズでもいいでしょう。ご高齢の相手もいるので、文字は大きめがいいと思います。**

履歴書ほど堅苦しくなくて構いません。出身地や趣味といった共通点のヒントだけでなく、担当したクライアントや職務上の経歴も差し支えない範囲で記入し、座右の銘や尊敬する人など、人柄がわかるものも載せておけば完璧です。

最初の挨拶で、**「私のプロフィールシートをご用意しましたので、お時間があるときにでもお目通しください」**と言ってさりげなく差し出してみてください。

相手も初対面で少々きまずいこともありますから、その場ですぐに目を通してくれて、どこかの部分を拾ってくれるはずです。

「お、ゴルフやるんですか！　私も月に1回はラウンドするんですよ～」

「AB型ですか！　数少ないAB型同士、仲よくしましょうね」

「ワンちゃんを飼っているんですね。うちにもチワワが2匹いましてね……」

こんな具合に、相手が共通点を見つけてくれることもしばしば。そこで、次回会うときには、ゴルフボールのおみやげを用意したり、AB型の血液診断の本を持っていってネタにしたり、チワワのかわいい洋服をプレゼントしたりすれば、お互いの距離はぐっと縮まります。

知り合いのコンサルタントは、**「見開きタイプの名刺」**にして、座右の銘、好きな本、出身地、趣味、自分の写真をのせています。

この見開き名刺はおすすめ。コンパクトでかさばらず、かつ、それを渡すことで、相手に自分の情報を知らせることができるのです。


「共通点」がお互いの壁を取り払う。

相手に探してもらうように、ヒントを形にしておこう

習慣 24

相手が本音を話しやすい「場」を選ぶ

マッキンゼーのコンサルタントがクライアントの真意やニーズを知るために大切にしているのは、**「相手の話を聴く」**ということです。「聴く」とは、自分の主張や都合をいったん脇に置いて、相手の話に素直に耳を傾けることです。

自己紹介が終わり、相手があなたの経歴や趣味をわかって話しはじめたら、そこからは相手の話を〝一方的に〟聴き、ニーズを探ること。「この人の真のニーズは何だろう？」という意識で聴き役に徹するのです。

自分が話すのは、相手の話を一通り聴いたあとです。

普段私たちの会話は、お互いに話し合い、聴き合うことで成り立っています。したがって、一方的に聴くという行為は案外難しいものです。

慣れないうちは、**「聴かれればある程度答えるけれど、聴かれない限りは自分の意見は言わない」**というくらいの心構えでいいでしょう。

ポイントは、**相手の目を見ながら、しっかり話を聴き、時折うなずくことです。相手の言うことを繰り返して言うことも大切です。**

お客さん「この時計は、10年前にロンドンで買ってきたんですよ」

あなた「10年前にロンドンでお求めになったんですか！　いいお品ですね」

こうすると、相手は「この人は自分の話をしっかり聴いてくれている」と感じて、いっそう話をしてくれるものです。

あなたも、営業マンから、商品を売りたい一心で猛烈にアピールをされたことがあると思いますが、そんな人から買いたいとは思わないでしょう。

なぜか？　それは、その営業マンがあなたのニーズや好みに対して応えようとしてないからです。

「自分が売りたいものを、売っているだけね……」と感じてしまう。

しょっぱいものが好きな人に、スイーツのおみやげを持って行っても、心から喜んではくれないものです。

すぐれた営業マンは、まずは自分との共通点を探りながらお客さんの話を聴き、情報を収集します。その結果しょっぱいものが好きだとわかったら、自社商品のなかから、それをすすめます。

仮に、**自社商品のなかにしょっぱいものがなければ、他社のものをすすめる**。すぐに売り上げには結びつかなくても、お客さんは「自分のことを考えてくれている」と感じ、いずれ、その営業マンから商品を買うでしょう。急がば回れ、です。

記者になったつもりで取材する

お客さんや取引先の話を聞く場合は、**インタビューシート**を準備しておくと効果的です。インタビューシートとは、相手に聞きたいこと、確認したいことを事前にリストアップしたものです。

相手は何らかの問題を抱えていて、あなたはそれを解決するため、まずはさまざまな情報を聴き出します。

そのために、現時点での仮説に基づき、どこに問題の核心があるのかを探るため、事前に聞きたいことをまとめておくのです。この内容が練れていればいるほど、相手からどんどん深い話が引き出せてよいインタビューになります。

たとえば、クライアントから**「社員のモチベーションが低くて困っているので、モチベーションを上げる施策を考えてほしい」**と依頼されたとします。

こんなときは、真の問題は何かを探る質問をしていきます。

「モチベーションが低い原因は何か？」
「どのチームが問題なのか？」
「上司と部下はうまくいっているのか？」
「仕事の内容は？」

など、さまざまな視点から、もれなく聞いていきます。

すると、本当は、**「上司の部下へのコミュニケーション能力」**に問題があって、若手のモチベーションが低下していることがわかってきました。

であれば、最初にクライアントが言っていた「社員のモチベーションが低い」ことではなく、「上司のコミュニケーション能力」が真の問題だとわかります。

マッキンゼーでは、効果的なインタビューをするために、取材前にかならずインタビューシートを作成します。これが仕事のクオリティーとスピードを上げます。

記者が対象を掘り下げて取材するように、優秀なビジネスパーソンは、相手のニーズを引き出すために上手に取材をするものです。

インタビューシートは、自分が見るためだけに使ってもいいですが、事前に相手に送っておけば、相手も答えを準備して場に臨んでくれることもあるので、便利です。

相手が話しやすい「場」はどこですか？

相手の話を引き出すには、相手が話しやすい「場」をつくることも大切です。

たいていの場合、相手のオフィスや自宅に出向いて打ち合わせをしますが、大切なことは、**相手がリラックスして、本音を話せる場を用意することです。**

上司の目が気になって話しにくい人もいますし、自宅では奥さんの目が気になって仕方ないという人もいます。こんな相手なら、会社や自宅ではなく、**第3の場所**を提案してもいいでしょう。

私は、先方の会社ではなく、わざと場所を変えてインタビューすることがよくあります。相手が心地よいと感じる**「コンフォートゾーン」**でインタビューを試みるわけです。ホテルのラウンジやレストランでのランチミーティングがおすすめです。

ただし、**相手のことを知りたいと思うなら、一度はかならず相手の会社を訪問するようにしてください。**会社の雰囲気、社員の様子などを感じとることで、相手のニーズをつかむヒントになるからです。

反対に、相手にこちらの会社に来てもらうことも有効です。

相手の希望を聴きながら、本音を話しやすい快適な空間を用意するようにしましょう。

快適な「場」を用意して、
相手の話をとことん聴こう

習慣 25

相手と同じ土俵に立たない

「日本には、郵便ポストがいくつ存在しますか？」

あるコンサルティングファームの採用面接時の有名な質問です。

転職のための面接を受けたとき、出し抜けにこんな問いを投げかけられたら、どう答えますか？

すぐにスマホを取り出して日本郵政のホームページを確認し、「およそ18万です！」と答えれば合格できるのでしょうか？

採用担当者は、もちろんポストの数を知りたいわけではありません。もし必要なら、自分で日本郵政の広報担当に電話すれば済むことです。質問を文字通り受け取ってポストの数を調べても、合格はできません。

採用担当者が観察しているのは、この一見風変わりな質問を投げかけられた採用候補者が、「この人は、調べればすぐわかりそうなことを、どうしてわざわざこの面接の場で質問するのだろう？」という高い視点で考え、自分なりの仮説を用意してその後の話を進められるかどうかです。

「高い視点で相手の話を聴き、仮説を持って答える」というスキルが、コンサルティングファームでは大切になるからです。

視点には、次の3つがあります。

1　自分の視点
2　相手の視点
3　それらを俯瞰した視点

お客さんや取引先の話を仮説を持って聴くときは、適宜この3つの視点を行き来しながら聴ける状態が好ましいでしょう。

たとえば、こんな具合です。

【相手：白いコップが売れない。どうすればいいか？】

自分視点の例「白なんて売れない。ピンクのほうがかわいいし、売れるだろう」
相手視点の例「白いコップを効果的に宣伝する方法は何だろうか？」
俯瞰視点の例「そもそもコップの市場が縮小する前に、事業を売却すべきでは？」

いま、どの視点で話を聴いていますか？

すでに述べた通り、私たちは、意識しない限り8～9割のケースで、自分視点で話を聴いています。もちろん、自分視点による仮説が正しいこともありますが、視点を行き来しながら仮説を検証したほうが、より本質に近い仮説を立てられます。

このケースでは、「白より、ピンクのほうが売れる」という自分視点が仮に正しかったとしても、相手はすでに相当数の白いコップをつくってしまったあとかもしれません。もっと長期的な計画についても同時に考えるのであれば、「事業を売却すべきでは」という俯瞰視点が役立ちそうです。

このように、**「いま自分はどの視点で話を聴いているか」**を自覚すると、相手とちがう土俵から、答えを探ることができます。

特に、相手がすごく焦っていたり、怒っていたりする場合は、同じ土俵に立つのはとても危険です。

売れない白いコップを大量に抱えて焦る取引先の担当者に影響されて、自分も同じように焦ってしまえば、仮説はどんどん限定されてしまいます。親身に話を聴きながらも、決して同調してはいけないのです。

こんなとき、「どうしてこの人はそんなに焦っているのだろう?」という視点を持てると、白いコップを販売するための意外な打開策を見つけられるかもしれません。

話を聴くときに、相手と同じ土俵には立たず、別の視点で思考を走らせたほうが、相手の抱える問題を解決できる可能性が高まるのです。

相手と同じ土俵に立つと、相手のためにはならない。
別の視点で解決策を考えてみよう

習慣 26

自分の主張は「質問」に込める

先ほどの「白いコップ」を例に、今度は別の角度から聞き方を考えてみましょう。

取引先の担当者は、熱心に白いコップの魅力を説いています。なぜ白にしたのか、どうやってこの白さを表現したのか、そこに企業としてどんな思いが込められているのか――。

しかし、話を聴いているあなたの頭のなかでは、現在コップのマーケットにおいて白の競争力はなく、もっとさまざまな色の商品を出しながらデータを蓄積し、別の売れ筋にフォーカスしたほうがよさそうではないか、という仮説が浮かんでいます。根拠となるデータもそろっていて、確率は高そうです。

ならば、いつまでも白いコップにこだわっていても時間のムダ。そこで、取引先の担当者に、正面からこうぶつけてみました。

「残念ですが、御社の白いコップにニーズはないと思われます。その根拠として、こんなデータが……」

担当者の表情は、怒りでみるみる赤くなっていきました。自分たちの仕事を、頭からすべて否定されてしまったのですから、当然です。

答えを考えるのは、あなたではなく、相手

マッキンゼーでは、こうした場合、**「相手に、自発的に気づいてもらう」**ことを大切にしています。否定的な考えでいたとしても、いきなり正面から意見はしません。

その理由はシンプル。**角が立つといいことはないからです。**これは上司に対しても同じです。

たとえ1日分のミーティングの時間を棒に振ろうと、ていねいに相手のペースに合わせます。無理に納得させようと抑え込みにかかると、相手の感情を害し、結果として時間を短縮するどころか、むしろ強いデメリットを生み、問題解決への道筋が長期化してしまうのです。

では、どうすればいいのでしょうか。マッキンゼーのコンサルタントであれば、こんな質問をするでしょう。

「御社の白へのこだわり、すばらしいですね。市場は、そのこだわりをどのように受け止めているのでしょうか？」

「ところで顧客は、そもそもどんなコップが好きですか？」

「いま、いちばん売れているコップはどんなものですか？」

「ご自身がお客さんでしたら、どんなコップがほしいですか？」

「どんなときにコップを使いますか？」

「食事のときには、何をよく飲みますか？　それを飲むときは、何を使いますか？」

意見や仮説があれば、こうして質問のなかに交ぜるようにするのです。問いをうまく活用するわけですね。

十分に相手の話を引き出したあとで、次回への宿題としてこうした質問を投げかけ

られると、相手自身がその答えを自ら考えることを助けます。うまい問いができれば、相手はぐっと身を乗り出して、聴いてくれるものです。


この方法は、ほかにもいろいろな局面で使えます。

保険の営業担当がお客さんに商品をすすめる場合も、車のディーラーがお客さんの好みの車をさぐる場合も、同じです。

お客さんのほうも、自分が何がほしいかを明確にわかっていることは稀です。

質問を上手にしながらお客さんの考えを整理し、商品を自発的に選ぶお手伝いをしてください。

「問い」を上手に使って
相手に自発的に答えを出してもらおう

第5章

認める！　共感する！　インスパイアする！

「できる上司」の習慣

「リーダーには3つの責任がある。
第1は、部下が自信をつけ自分に誇りを持てるようにすること。
第2は、部下に倫理規範を示しモラルの向上を図ること。
第3は、部下が使命を自覚し人間として成長できるようあと押しすることである」

――マービン・バウワー（マッキンゼー創設者）

部下の仕事を高速化させてこそ、一流の上司

第2章では「上司への接し方」をお話ししましたが、ここでは「部下や後輩への接し方」をテーマにお話をしていきます。あなたの部下や後輩を成長させる方法を一緒に考えていきましょう。

上司になれば、自分の仕事だけでなく、部下たちの仕事ぶりをまとめ、組織としてのバリューを出すよう求められる立場になります。部下を効果的にマネジメントすることが最大の課題のひとつとなるのです。

つまり、いままでよりも責任を負う範囲が広がります。自分の仕事の高速化や質の向上だけを考えていればよいわけではありません。

部下の仕事も高速化させ、向上させないといけません。

これが、結局は自分（のチーム）の仕事の高速化につながり、それが上司としての自分の実力に直結します。つまり、部下のマネジメントの成否は仕事の成否につなが

ると言っても過言ではありません。

今後さらに飛躍できるかどうかは、部下の仕事のスピードとクオリティーのアップにかかっているのです。

一方で、まだ上司の立場になっていないからといって、この章を読み飛ばすのは、ちょっと待ってください。

非正規雇用が増えている現在では、外食産業や小売業に代表されるように、人事異動ひとつでいきなり自分しか正社員がいない現場に送られることはよくある話です。

そこまでいかなくとも、外注の業者や発注先の企業を取りまとめる際には、会社内では駆け出しであろうと、現場のすべてを仕切らなければならない立場に立たされることもあるわけです。

優秀な成績を収め、高いバリューを出した人は、すぐ上司に抜擢されるでしょう。自分では考えもしなかった早い時期に、人の上に立つことになるかもしれません。

ですから、たとえ、あなたがまだ上司ではなくても、この章のお話は近いうちにきっと役に立つはずです。ぜひご一読くださいね。

習慣 27

部下に「○○さん」と呼ばせる

まず、**「肩書き」**について、お話をしておきます。

私が在職していた当時、マッキンゼーで働く人たちの肩書きは、大きく分けると、上から**パートナー**、**マネージャー**、**アソシエイト**、**ビジネスアナリスト**、の4段階に分かれていました。

パートナーとは役員のような位置づけ（共同経営者）です。おもな仕事は、日本支社の経営と同時に、大口クライアントを獲得し、よい関係を保つことです。

マネージャーは、個別のクライアントを担当し、プロジェクト全体を統括する、中間管理職のような立場です。

大学を卒業したばかりの新入社員は、まずビジネスアナリストという肩書きで、個別のプロジェクトで最も根本となるリサーチやデータ収集を行い、ときにはプレゼンテーションまでを任されます。そのなかでキャリアを積み、実績を上げた人がアソシエイト、マネージャーへと昇格していくわけです。

こうしてみると、マッキンゼーも日本の会社とそれほど変わらない組織のように感じられるかもしれません。しかし、いわゆる日本企業とはかなり文化が異なります。**マッキンゼーで働く人たちにとって、肩書きはあくまで単なる「役割」に過ぎません。「肩書きの違いは、役割の違いでしかなく、「偉いかどうか」は関係ないのです。ですから、新入りのビジネスアナリストも、経営者であるパートナーを「さん」付けで呼びます。**

マッキンゼーに上下関係は存在しない⁉

マッキンゼーの上司たちは、決して自分の肩書きを誇ったり、立場に物を言わせて、強引に押し通したりはしませんでした。**「上下関係」は、存在しなかったと言っても**

いいくらいです。

上司の役割を担う人は、よりバリューが出せるからそのポジションにいるのであって、だからこそ、自然と部下からリスペクトを集めるのです。

自分のチームやプロジェクト、ひいてはマッキンゼー日本支社のバリューを最大化するために、部下を励まし、刺激して力を引き出すことを最優先にしていました。

お互いの評価の対象は、出したバリューだけ。
バリューを出している人が一目置かれ、リスペクトを集めます。
バリュー以外の要素には、だれも口出しをしません。

それがマッキンゼー流なのです。

マッキンゼーには、部署やプロジェクトごとのチーム分けはあっても、派閥は存在しません。情で仕事をせず、親分・子分の関係は重視されません。すべてはバリューを出すために働くのです。

もちろん、ときには直接バリューを出せなくとも、間接的に他人のバリューを高められる人が重用されるケースはありましたが、結局同じことです。

いわゆる「ゴマすり」も、マッキンゼーには存在しません。本質的な仕事をしている組織では、肩書きはただの役割に過ぎないのです。

肩書きとは、「役割」。
すべては、バリューを出すためにある！

習慣28　認める！　共感する！　インスパイアする！

上司にとって、重要な仕事のひとつは、部下の能力を引き出すことです。

マッキンゼーでは、自分が任されているプロジェクトを管理・監督し、クライアントのために全体のバリューを最大化することが、上司のミッションです。

現場でそれぞれの仕事にあたってくれている部下の力をめいっぱい発揮させることで、結果的に管理・監督者としての自分のバリューも上がるのです。

では、マッキンゼーの「できる上司」は、どんな特徴を持っているのでしょうか。

そこには3つの共通点があるように思います。

1　部下を認める

2　部下に共感する
3　部下をインスパイアする（刺激する）

チームは、明るく楽しく、ワクワクして仕事ができれば、大きなバリューを生むことができます。上司は、そのために自分が何をすればいいかを考えればいいのです。

できる上司は、ひたすら認める

部下の能力を最大限引き出すためには、部下を「認める」ことが何より大切です。「褒める」と似ていますが、じつは大きく違います。

「認める」とは、その人の存在そのものを認めることです。その人のすばらしさを知っているということ。

一方、**「褒める」は、こちらが期待したことを、その部下が達成したときに行うもの。いわば、条件つきなのです。**

人は、条件つきで褒められるより、存在そのものを認めてもらっていると感じたときにこそ、やる気のスイッチがオンになります。そして、成長していくのです。

部下を成長させる上司とは、部下を「認める」上司のことなのです。


部下を認め、共感しながら、インスパイアする、とても簡単な方法があります。

部下を、とにかく認めて認めて、認めまくることです。

「この部下の強みは何か？」を見つけるのです。どんな部下でも、その人が本来持つすばらしい特質があるものです。

それぞれの部下の強みを、最低10個リストアップしてみてください。

そして、その強みを、部下自身に伝えてみるのです。

「○○くんはいつも元気で、周りを明るくしてくれるね。それはきみの才能だよ」

そう言われた部下は、認められている、共感を得られたと考え、居心地がよくなって能力が引き出されます。認めてくれた上司を信頼するようにもなります。

大切なのは、成果を出したから認めるのではなく、その部下のありのままの存在を認め、それをちゃんと知ってるよ、感謝してるよ、と伝えることです。

つい怒ってしまいがちな上司には、一度、相手がだれであろうと「過剰に認める」くらいの勢いで接してみることをおすすめします。

その部下が、現状ではバリューを出せていなかったとしても、ひとつや2つ、得意なこと、頑張っていることがかならずあるはずです。

返事が快活、笑顔が素敵、服や持ち物のセンスがいいなど、何でもいいのでいいところを見つけて、そこをまず、きちんと認めること。問題点を指摘するのは、そのあとで十分です。認められた部下は、どこを認められようと、テンションが上がることで結果として全体的なバリューの向上が期待できます。

やたらと怒ってばかりいる上司がいますが、これでは何の成果も出せません。

まずはチームメイトである部下を認める。

それができる上司への第一歩です。

できる上司は、部下を認め、共感し、刺激する！
認めることで、部下のやる気を引き出そう

習慣29 部下に「仮説」を立てさせる

できる上司は、部下を認めて認めて、認めまくる、と書きました。

しかし……、です。たしかに、認めるだけでは部下は壁にぶつかってしまいます。ときには、「叱る」ことが必要でしょう。この「叱る」ことに悩んでいる上司は、意外に多いものです。

その悩みは、おもに2つに分類されます。

まず、**叱ることそのものが苦手**で、本当は注意しなければならないときでも、できることなら避けて通りたい、という悩み。

もうひとつは、**自分でも気をつけているはずなのに、ちょっとしたことでイライラしてしまい、叱っている間に、つい怒りが怒りを呼んで、さらにエキサイトしてしまう**……、という悩み。

この人たちは、「やりすぎた……」といつも後悔します。でも、怒り出すとセーブがきかなくなってしまうのです。

しかし、**「怒る」と「叱る」はまったく違う行為です**。「怒る」は単に自分の感情をぶつけているのに対し、「叱る」は改善してほしいことを伝える行為です。

叱るときの3つの鉄則

じつは、どのケースも解決策は似ています。私が考える解決策は、次の3点です。

1　感情的にならない

感情的になってはいけない理由は、怒る側も、怒られた側も、最終的にはバリューを出しにくくなるからです。

仕事を速く進めてほしいときに、「遅い!!　このノロマが!」と怒鳴ったところで、何の解決策にもなりませんよね。相手を萎縮させ、ときには恨みをかいます。部下の仕事は速くなるどころか、質が低下してしまうでしょう。

2　人前で叱らない

人前で叱ることは、避けるべきです。叱られている側は、他者の視線にさらされていることに敏感です。自分自身の評判が落ちていく瞬間を目の当たりにさせられるのですから当然です。たとえ上司が冷静に叱っていても、部下が恥をかかされたと感じれば、遺恨を残してしまいます。

一方、人目につかない場所でなら、叱られる側も、**「自分を気づかってくれている、フォローしてくれている」**という感覚を持つことができます。**叱るときほど、細やかな気づかいが必要なのです。**仕事の成果に結びつくように、そして、部下が育つように、効果的に叱ることが大切です。

3　仮説を立てさせ、具体的なアクションを考えさせる

マッキンゼーの上司が部下を叱るときには、感情的に怒ることはしません。何が問題でどうしたらいいのか、部下が自ら考えるように関わっていきます。今後改善する点、さらに成長するために何ができるか、という視点で関わり、部下を成長させようとします。

「何が原因でできなかったのか？」
「改善点、より成長できる点はどこだと思うか？」
「自分が上司だったら、きみという人にどうしてほしいと思うか？」
「今後、どんな行動をとったらいいか？　どう進めるといいか？」

というように問いを使って、部下が自ら考え、行動するように促します。

コンサルタントがクライアントの問題解決に対して抽象的な策を提示しないのと同様、上司も部下の問題解決のために注意するのですから、その内容は徹頭徹尾「具体的」であるべきです。それが提示できないのは、単に叱る側の能力の問題です。

問題点を整理させ、仮説を立てさせ、それにそって具体的なアクションを考えさせる。第1章でご紹介した、**ゼロ発想、俯瞰視点、仮説思考などを駆使させて、具体的な行動につながるように指導することが、上司の「役割」なのです。**

部下に配慮しながら叱れば、能力を発揮してくれる。
仮説を立てさせ、具体的なアクションに結びつけよう

習慣 30

部下に迷いを打ち明け、相談する

あなたが昇格して上司になったということは、何らかの実績を会社に認めてもらったのでしょう。同期の社員より速く昇格したのだとすれば、きっと、仕事ができる優秀な人なのでしょう。

でも、こんな優秀な人が上司になったときに、かかってしまう病があります。**「だれにも相談できない病」**です。

責任感が強く、バリバリ仕事をこなしてきた人ほど、プライドも高い。部下が困っていれば、手をさしのべ、自ら解決しようと試みる。こんな上司は、当然、みんなから尊敬され、慕われます。

でも、責任感もプライドもあるため、わからないことや困ったことにぶつかったときに、だれにも相談できずに一人で抱えてしまうのです。

これは、結果的に、チーム全体の仕事の進行を遅らせてしまうことになりかねません。**「仕事の質が高く、速い人」であったはずが、上司になってチームを率いたとたん、「仕事が遅くて質の悪いチーム」をつくり出してしまうのです。**

これは避けなければいけません。

マッキンゼーでは、チームで課題を議論することが当たり前でした。エンゲージメントマネージャーと呼ばれるマネージャーがプロジェクトを実質的に回し、各チームメンバーがそのプロジェクトの分担を受け持ちます。

このとき、上司であるマネージャーは、チームメンバーにさまざまな相談をしていました。部下であるメンバーから、知恵やアイデアを引き出しているわけです。

仮にあなたが右か左か判断に迷う局面で、部下たちとミーティングを行ったとします。あなたは部下に対して次のA、Bのうちどちらの接し方をしますか？　また、どちらが結果として仕事がスピードアップし、バリューを最大化できるでしょうか？

A　迷っていることはいっさい表に出さず、自分の直感だけを信じて突き進む

B　迷っていることを部下に開示し、適切な問いを使って、部下からアイデアや知恵を引き出す

現実的には、多くの上司がAを選択するでしょう。そのほうがスピードが速そうですし、本音では心のなかを吐露したくても、プライドや肩書きが邪魔をして、我慢してしまうのです。「上に立つ者は、孤独と闘わなければならない」という思い込みもあるはずです。

でも、私はBを選択することをおすすめします。

上司の素直さ、誠実さがチームをまとめあげる

部下たちに、こんな問いを投げかけてみるのです。

「自分はこう考えているが、正直に言うと、まだ直感の域を出ていない。ネガティブな意見も含め、みんなの考えを聴かせてもらえないかな？」

ポイントは、素直であることです。誠実さ、正直さと言い換えてもいいでしょう。

こうすることで、部下たちとの一体感が高まります。

部下だって、上司も人間で、つねに難しい判断をしていることくらいわかっているのです。ビジネスには絶対の正解などないのですから、「迷う」のが当たり前。

それを上司が自分たちに見せてくれたことで、親近感がわき、自分たちも考えなければならない、という自発性も生まれます。そして何より、信頼されているという気持ちが生まれます。

実際にこうして適切な問いを使って意見を引き出すことで、自分が見落としていたポイントや新しいアイデアをもらうことだってあるのです。

チームを活性化させるためにも、ときには迷いをみんなにぶつけてみましょう。適切な問いを投げかけて、チームのメンバーに考えさせることで、活性化するのです。これによってチームのクオリティーとスピードを向上させることができるはずです。

ときには部下に迷いを打ち明け、相談し、問いを投げかけよう。それによってチームは活性化する

習慣 31

思い切って、任せる

もうひとつ、仕事ができる人ほどかかりやすい病があります。

「だれにも任せられない病」です。

上司である人には、そのポジションを得た理由があります。

マッキンゼーで言えば、それまでのキャリアにおいて高いバリューを出してきて、現在も人をまとめながら、「クライアント・インタレスト・ファースト（顧客利益最優先）」というマッキンゼーの「コア・バリュー（中核的な価値）」を保ち続けられているということです。

そのようなすばらしい能力があるからこそ、ぜひ責任ある立場にいてほしい、と会社から言われ、然るべき報酬も与えられているわけです。

日本の企業でも、基本的には能力が高く相応のキャリアがある人が上司のポジションに座っているはずです。

だからこそ、部下に任せられない病にかかってしまうのです。**「自分でやってしまったほうが早い」**とばかりに、自分で抱え込んだり、手取り足取り部下に指示を出しすぎたりして、想像以上の負荷がかかり、仕事がどんどん遅れてしまうのです。

部下よりも、キャリアも経験もある自分のほうが、短期的には速くてクオリティーの高い仕事ができる。

それは事実ですが、決してそこに溺れてはいけません。

任せることで部下の実力を高め、信頼関係を強める

マッキンゼーの上司たちは、部下に任せるのが上手でした。分担を明確にし、期限とゴールイメージをきちんと説明し、それぞれのメンバーのやる気を引き出していき

ます。

上司の大切な仕事のひとつは、自分が少し我慢をしてでも、部下に任せてみることです。

自分で処理したほうが、速く終わって、クオリティーも高いに決まっている。それをわかった上で、あえて部下に任せてみる。

それも細かくあれもこれも指示するのではなく、部下のキャリアと能力に合わせて、自ら考え、力を発揮する余裕を与えるのです。

その際、**「少し自分のアイデアも交ぜてみてよ」**などと励ましたり、アイデアやヒントを与えたりできれば完璧です。これによって信頼関係も強まります。

最初は、かならずと言っていいほど時間は余計にかかりますし、仕事のクオリティーやレベルの管理にも時間をとられるでしょう。

しかし、この過程を経なければ、いつまでも本物の上司にはなれません。

同時に、配属された部下は成長力を失い、チーム全体のバリューを引き出すことができず、中長期的にはより時間がかかるようになって、上司としての自分の評価もマイナスになるのです。

優秀な組織にいる若い人ほど、本当はまだ表に出していない才能や特質、特徴、得意分野を持っています。与えられた課題に対して、80点、90点を取ることもあるでしょう。それでも仕事として十分なことはたしかです。

しかし、彼らが、**100点を超えるような、正解を超越するようなバリューの発揮をしてこそ、次のステージに進むことができるのです。**そのためには、あなた一人ではなく、チームの成長が不可欠です。

思ってもみなかった、想像を超える力を引き出せるのが、本物の上司なのです。

「自分でやったほうが速い」という考えは、
上司になった時点で捨ててしまおう！

習慣32 会議は4種類に分ける

仕事をしていると避けて通れないイベントがあります。**会議、打ち合わせ、面談。**主宰者がいて、参加者がいて、何かを話し合う場です。

新型コロナ以降、オンライン会議に切り替える企業も増えていますが、オンライン／オフライン（対面形式の会議）を問わず、会議は効果的に計画して実施することで、仕事のクオリティーとスピードが飛躍的に高まります。

そのためには、主催者は会議を**「デザインする」**意識を持つことが大切です。**デザインするとは、必要な会議を、ちょうどよいタイミングに、計画して行うということです。**

では、会議を4種類に分けて、目的や必要性に応じてデザインしてみましょう。

1　報告

2　レビュー（仕事の進捗確認、振り返り・反省会、人事考課など）、問題解決
3　アイデア出しなどのブレーンストーミング
4　共感や共有を高めるチームビルディング

これから行うべき会議が、右記の4つのどれなのかをきちんと意識してください。このうち、最も不要なのは1です。報告事項はできるだけ簡潔にし、メールで済むことは済ませ、2と3に時間を割くようにします。

チームビルディングのために会議を行う

そして、必要に応じて4を行います。チームの共感、共有を高めるための会議は、日本企業ではあまり行われませんが、非常に有効です。

マッキンゼーでは、チーム内でのキックオフディナー、マネージャー主催のホームパーティー、さらにクライアントを交えたディナーや飲み会を行っていました。このような機会をつくって、チームビルディングを行うのです。

たとえば、**新しくチームを組むときやモチベーションが低くなっているときに、お**

互いのいいところ、強いところを出し合って共感し、チームの方向性を共有します。

メンバーのモチベーションが下がり、チームにまとまりがないと感じたら、チームビルディングの場を設けて結束力を高める。新しいプロジェクトがスタートするときには、最初に目標を共有し、それをメンバーの腹に落とすための共有の場を設ける。

4は思い切って気分を変えて、**眺めのいい場所や、雰囲気のいいカフェ、ホテルなどで実施したり、あるいはオンライン飲み会などを活用してみるのもおすすめです。**

そもそも会議は、「プロセス」と「コンテンツ」から成り立っています。

プロセスとは、いわば会議の内容以外の部分。場所、雰囲気、参加者の姿勢や態度、進め方などです。

一方、コンテンツとは、会議の中身、つまり、**議論する内容**のことです。

プロセスとコンテンツは会議の両輪です。効果的な会議を行いたいのなら、この2つをよくすること。

特にプロセスの管理が鍵をにぎります。なぜなら、快適な場所で、参加者の気持ちもオープンになって雰囲気がよければ、よい議論ができる可能性が高いからです。

ですから、会議の主宰者やメンバーは、このプロセスを大切にするべきです。以前、

『FRISK《フリスク》』というミントタブレットのコマーシャルで、「アイデアが生まれるのは、どこですか?」という問いに対して、**「ベッド22%、公園17%、トイレ32%、会議室0%」**というものがありました。これは、通常の会議がいかにつまらない雰囲気で、アイデアを生み出さないか、ということを風刺的に表現したものですが、翻《ひるがえ》れば、アイデアの出しやすい場や雰囲気で会議を行うことが、いかに大切かを物語っているともいえます。

対面会議の場合、円卓形のレイアウトがおすすめです。円卓に座ることによって、すべての参加者が平等な位置づけになり、すべての参加者の意見が尊重されやすくなります。円卓がない場合は、テーブルを置かずに、イスだけを円形に並べて行うと、心理的に共感、共有をはかりやすくなるでしょう。

オンライン会議の場合は、主宰者が意識的にメンバーの発言を促しましょう。

よい会議は、主宰者のデザイン力から生まれる。ムダを省き、共感・共有に気を配れ!

習慣33

会議の「目的」と「ゴールイメージ」を明確にする

会議に、どんな印象を持っているでしょうか？

始まる時間が決まっているのに、どうかすると終わる時間は明確には決まっていない。

時間ばかりかかってその後の予定が立てづらい。

忙しいのに時間を侵食する。

何かを決める場のようでいて、じつは何も決まらない。

メールで回せば済むような報告事項ばかり。

本当はこんな会議、わざわざ定期的にやらなくてもいいのではないか？　こんな印象をお持ちの方も多いと思います。

もっとも、そこまで不満が「てんこ盛り」になってしまっていたら、むしろもっと大きな問題になっているでしょう。

ただ、一般的にはそのうちひとつか2つくらい不満な点があっても、「会議なんてそんなものでしょ」とか、「会議っていうのは毎週やるものだ」などということが常識になってしまい、急にはやめられずに、何となくそのまま会議を続けてしまっているケースも多くあります。

そして、気づくと形式的な会議、特にバリューを生まないミーティングを重ねることが「仕事」のように感じられてしまうほど、感覚が麻痺してしまうのです。

有意義な会議にするための3つのポイント

会議の主宰者がすべきことは、前項の4つのうちどの会議なのかを意識した上で、会議前も会議中も、つねに**「目的とゴールイメージを明確にしておくこと」**です。

有意義な会議にするためには、参加者に事前に準備をしておいてもらう必要があります。主宰者は参加者に対して、事前に以下の3つを説明（連絡）してください。

1　会議の目的
2　ゴールイメージ（会議で達成したいこと、なっていたい状態）
3　参加を求める理由（参加者に期待すること）

打ち合わせやミーティングなどでも同じです。

もっとも、参加者にベテランが多ければ、目的とゴールイメージを説明しておけば十分でしょう。ただ、まだキャリアの浅い参加者や、あまり一緒に仕事をしたことがない参加者には、「3」の参加を求める理由も説明しておくべきです。

何を期待しているのかをあらかじめ説明しておくことで、メンバーのモチベーションを高めることができます。

一方で、**ダメな会議にありがちなのは、会議がはじまってから闇雲にゴールを定めたり、ゴールそのものを出席者から募ったりするようなパターンです。**

会議が実際にはじまったあとも、主宰者は会議の目的から外れないことを意識して進行することが大切です。参加者全員が、つねに目的を明確に認識できていれば問題ないのですが、ただ単に盛り上がり、じつは本来の目的からは外れてしまっていて、終わってみたら得るものがなかった、というのはよくあるケースです。

対処法は原始的です。最も簡単なのは、**会議室のホワイトボードのどこかに、会議の目的とゴールイメージを大きく書いておくこと。**オンライン会議であれば、事前に画面共有しておくといいでしょう。このとき、下のように一文（ワンセンテンス）で書くことが大切です。

主宰者自身も盛り上がりにのまれるおそれがあるのですから、つねに会議の話題が目的からズレていないかどうか確かめ、参加者にも確認を求めるようにするのです。

もし、議論がズレてしまったら、ホワイ

［例］

目的：○○の問題の解決について

ゴールイメージ：○○の問題の解決策と、だれがいつまでに実行するのかが明確になっていることトボードを示しながら、**「この会議の目的は何だっけ？」**と問いを投げるのです。

それによって、参加者の意識は「目的」に戻ります。

会議への貢献にもいろいろな形がある

会議の主宰者は、特に若い参加者を評価する際、実際に議論に貢献したかどうかは度外視し、会議のスムーズな進行や雰囲気づくりなどに貢献した人を、きちんと評価してほしいと思います。

- ・すすんで書記を務める
- ・ゴミを片づける
- ・机をふく
- ・ホワイトボードをきれいにする
- ・マーカーが使えるかどうかチェックする

このような細やかさは、会議に大きく貢献します。場づくりは、いい話し合いをする上で、とても重要です。特に外部の参加者がいるような場合は、つまらないことで気分を害されたり、会議の進行を遅らせたりするようなことがあってはいけません。

5分前、10分前に会議室に入り、備品をチェックしたり、通信環境を整えておくような行動は、間接的にせよ会議の価値の向上に貢献しているわけです。

参加者が、**「自分にしかできないことを考え、しっかり準備してきた行為」**は、たとえその機会では役に立たなくても、私なら高い評価を与えたくなります。

彼らはやがて、自身のスキルの上昇に伴って、より大きな貢献ができるようになるはずです。全体のパフォーマンスを上げるためにできることをする人が、きちんと評価されるべきです。


よい会議には、主宰者の「目的開示」と参加者の「場づくり」が不可欠！

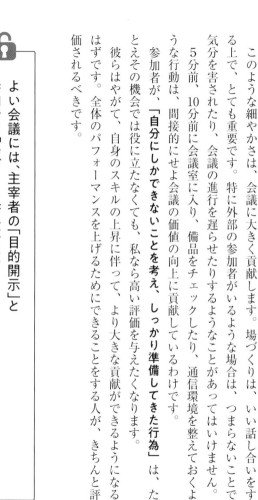

習慣 34

会議中にあえて「ムダ話」をする

会議は、質が高くて時間が短いほうがよいことはたしかです。特にオンライン会議では、モニター画面を注視するだけでも目が疲れるので、所要時間は30分から長くても1時間以内に設定したいところです。それが集中力を維持できる限度でしょう。

それでも、たとえば会議の冒頭に10分ほど使って、上司である主宰者が「**みんな、最近の調子はどうですか？**」と聞き、それぞれが近況を報告するような時間があったほうが、時間のムダづかいのようでいて、全体のクオリティーやメンバーの士気が上がるのではないかと思います。参加者にとって快適な場をつくるのです。

現在、私は経営者のコーチングをビジネスのひとつにしています。それぞれのセッションにおいて、本題に入る前にはかならず「**最近はいかがですか？**」と質問します。コーチ同士が集まる場合は、お互いに質問し合います。

このダンドリを、専門用語で**「チェックイン」**と呼びます。

チェックインによって、次の2つの効果が期待できます。
1　議論の冒頭に「個人の事柄」を出し合うことで、議論への集中度合いを高めることができる。その結果、有効な結論が早期に出る。
2　互いに心の内を出し合うことで、「安全な場」をつくることができ、話しやすい雰囲気をつくることができる。
話の中身は簡単です。「現在気になっていること」「自分の近況」などを発表し合います。話のネタは仕事関係でもプライベートでも何でもＯＫです。

いまこの瞬間、気になっていることを尋ねる、あるいは話すだけでいいのです。

「少し涼しくなってきたんで、ジョギングをはじめたんです」

「子どもを叱りすぎてしまいました。自分で自分が見えなくなるものですね」

聞いた側は、その内容に対して、解決策を模索したり、アドバイスをしたりする必要はありません。「そうですか」という、受け取りの言葉があればいいだけ。これだけで、みんなの気持ちが不思議と整うものです。**会議の冒頭に、みんなの「心を整える」ことが大切なのです。**

この「チェックイン」のあと、会議の「目的とゴールイメージ」を確認して「では、はじめましょう！」と本題に入ればいいわけです。「チェックイン」などという言葉を知らなくても、自然に似たようなことができている人は少なくありません。

チェックインの反対として、**「チェックアウト」**もあります。

話を終える前に、今回の会議の評価、課題、反省点などを短い言葉で出し合うのです。次回に向けてモチベーションが高まりますし、関係性も深まります。

主宰者は、オンライン上に「3密」空間をつくる

会社がリモートワークになってオンライン会議を導入したとたん、もともと組織が抱えていたコミュニケーション上の問題やチームワークの不備が、露呈してしまったという声を聞くことがあります。同じ空間にいないことで、意思の疎通が図りにくくなっているせいもあるでしょう。

そこで上司の人にぜひ心がけてほしいのは、オンライン上で意識的にメンバー同士の「3密」（密閉・密集・密接）的なつながりをもつこと。これまで以上に、メンバ

ー間のコミュニケーションの頻度を高め、積極的に言語化、データ化して情報共有するなどして、メンバー同士が信頼関係を築けるようにしてください。

たとえばリモートワークでも、特定の時間、Ｚｏｏｍ《ズーム》などのオンラインシステムをつないだままにして、メンバーの息づかいや雑音を共有するのも一つの手です。メンバー同士が同じ空間にいるような雰囲気を、バーチャルでつくりだすのです。

私は、時々認め合うことだけを目的にしたミーティングがあってもいいと思っています。参加者一人ひとりに対して、ほかの参加者全員が、３分ほどでよかったところや感謝していることを伝えるのです。

会議という視点だけで考えれば、まったくの時間のムダに思えるかもしれません。ただ、大変強固なチームビルディングになることはたしか。結果として、ほかの会議やミーティングだけでなく、チーム全体のパフォーマンスや生産性が上がります。

豊かなムダ話が会議のクオリティーを高める。
会議にはお互いを「認め合う」意識で関わろう

第6章

感情をコントロールする

「働くモチベーション」を高める習慣

「質のいい非常識さを持ち、
だれかを批判するのではなく課題に集中している人を見ると、
私はとても清々しい気持ちになります。
そして、そんな姿勢を持つ人がチームのなかに一人でもいればこそ、
ひとつの目的をかならず達成するんだという
雰囲気も高まっていくものです」

——南場智子（ディー・エヌ・エー創業者／マッキンゼー出身）

「だれから」「何から」刺激を受けるか、それが問題だ

究極的には、悩みや迷いがなく、自分に「やる気」さえあれば、どんな仕事も速く、そしてうまくできるはずです。やる気がなければ、仕事は進みません。

やる気については、他の人はアドバイスしにくいものです。なぜなら、**どうすればやる気になるのかは、人それぞれだからです。**

よほどストイックで、自己を律することができる人であれば、つねにモチベーションを高めておくことができるでしょう。

ただ、普通の人は、そう簡単にやる気になれません。スイッチがオンになったかと思ったら、すぐにオフになってしまいます。

上司に頭にきたり、評価に不服だったり、得意先の無理な注文にげんなりしたり……。仕事へのモチベーションを下げる要因はいくらでもあります。家庭での悩みを抱えている場合もあるでしょう。

そんななか、**よい仕事をするためには、自分の感情をコントロールして、モチベーションを高める必要があるのです。**

自らのやる気を生み出すには、根本的な、本質的な解決方法が必要です。

モチベーションを上げる仕組みの構築に正面から取り組んでおくと、いま目の前にある仕事、いま属している組織のためだけでなく、もっと長期的な、自分がどう生きていくべきなのかを考える大切な拠《よ》り所になるはずです。

最後の章では、モチベーションを上げ、持続させる方法を考えていきます。

ポイントは、「だれから」「何から」刺激を受けるか、ということ。

よい刺激を受けるほど、人は成長していきます。これによって仕事へのモチベーションが高まり、スキルアップも可能になるのです。

それでは、まず、「だれから」ということから、お話をしていきましょう。

習慣35 「メンター」を見つける

企業は、なぜマッキンゼーに仕事を依頼するのでしょうか？

何らかの「問題」を抱えているからです。

そして、その解決のためには、プロフェッショナルの力を借りたほうが、有効な解決策が見つかる可能性が高いと考えているからです。


では、今度は同じ構図を個人のケースに置き換えてみます。

まずは、私の場合。

私という人間は、問題だらけです。こんな本を書いていても、ときにぶれ、ときに迷い、ときに能力や努力の不足を感じ、反省したり発奮したりを繰り返しています。

あなたはいかがですか？

もちろん、私にあなたの問題が何なのかはわかりません。しかし、この本を最後の章までお読みいただいているということは、きっと**「何らかの解決したい悩み」**を抱えているのではないでしょうか。

どうすれば、仕事はもっと速く済ませられるのか？
どうすれば、もっと仕事の生産性を上げられるのか？
どうすれば、もっと質のよい仕事ができるのか？
どうすれば、自分の進む道に確信を持てるのか？

ならば、その問題発見と解決策を、他者の、それもできればプロフェッショナルに委ねてみてはいかがでしょうか。

それがメンター（よき指導者、すぐれた助言者）です。自分にとってためになる助言をし、ときに教え、導いてくれる他者です。

モチベーションを上げるために「だれから」刺激を受けるか。そう、メンターから受けるのです。

あなたにはメンターがいますか？

私は、もしあなたが自分自身に問題があると感じているのであれば、あれこれ悩まず、まずはメンターを探してみることを強くおすすめします。

すぐに問題が解決することはありませんが、いままで日々モヤモヤ悩んでいたような事柄がクリアになり、中長期的には格段に仕事のクオリティーが高まります。

それだけではありません。自分の思わぬ素質や能力に気づかせてくれたり、ポテンシャルを引き出してくれたり、一人で悩んでいたらたどり着くのに数年かかる解決策を、いとも簡単に提示してくれたりするかもしれないのです。

自問自答する力、自分で知識や情報を集め、統合する力も、仕事のクオリティーとスピードの向上には欠かせません。

その上で、他人の目で問題を発見し、解決策を考えてもらうことが同時にできれば、核心に近づける可能性は断然高くなるのです。

自分の話を聴いてくれる人。

自分を俯瞰してくれる人。
自分に気づきを与えてくれる人。
自分にポジティブに関わってくれる人。
自分をインスパイア（刺激）してくれる人。
自分の思い込み、とらわれを気づかせてくれる人。
自分とともに仮説や解決策を真摯に考えてくれる人。

それが、私の考えるメンターです。あなたにも、ぜひ自分のメンターを探してほしいと思います。できれば、長い時間のなかでお互いがそんな関係で結びつくと、人生そのものが豊かになるはずです。

では、どうすれば見つかるのか。次項でお話しすることにしましょう。

自分で考え、他人に相対化してもらう。
メンターがいれば悩みは解決する

習慣36 ゴルフはプロゴルファーに習う

私自身は、意識的にメンターを持っています。**すぐに5人以上の顔が思い浮かびます**。彼らは出会ったきっかけも、性別も、住んでいるところや国籍さえもさまざまです。通信手段が発達したおかげで、いまはメールでも、スカイプでも相談できます。

すでに、15年以上関係が続いている人もいます。

最近親しくなり、相談できる間柄になった人もいます。

仕事で出会った人がいる半面、趣味で知り合った人もいます。

仕事の付き合いは、はじめの短い間だけで、その後はメンターとしてだけの関係を続けている人もいます。

なかには、プロのコーチやカウンセラーもいます。

つまり、物理的なきっかけはどこにでもあるわけです。

彼らに対して抱いている感覚は、もちろん大切な友人にはちがいありませんが、ブレーン、参謀といった要素も加わっています。

大切なのは、たまたま出会った人から、真摯で、有能で、この人ならきっとよい相談相手になってくれそうという人を見つけ出し、具体的に確かめることです。

メンターの3つの条件

もし、あなたが、いままさに問題を解決するための仮説を考えている状態であれば、メンターは見つかりやすいものです。

信頼できそうな何人かに、抱えている悩みを相談してみればいいのです。そのなかから、次の3つの条件にあてはまる人を探してください。

1　一般論を言わない人

オーソドックスなことを言わず、世間的な枠や常識を外せる考えを持っている人がメンターの候補です。**「普通は、こうだから……」「一般的には……」**などという人は、残念ながら真っ先に対象外です。

2　直感が鋭い人

直感が鋭く、感性が透明で、混じりけがないと思える人。しがらみや先入観がないだけでなく、不思議と、自分の問題を自然に探り当てるセンスを持っている人です。まだ詳しく話してもいないのに、**「なぜそこまで核心を突けるの？」**と思える答えが返ってくる相手なら、有力なメンター候補です。

3　専門性が高い人

仕事の解決策やヒントをもらうためには、相談相手が専門家でなければならない場合があります。

法律のことを、法律家以外に相談しても仕方ありませんし、健康面の悩みは、医師に聞くしかありません。

ところが、多くの人が専門家以外にアドバイスをお願いしてしまうのです。**ゴルフのスコアが１００を切れない人に、ゴルフを教えてもらってもうまくならないのと同**

じ。あなたの悩みを解決するために専門的な知識が必要なら、かならず、その分野の専門家をメンターにしましょう。

上手に相談するコツ

メンターは、一人とは限りません。悩みや問題によって、相談するメンターを替えてもいいのです。

もしあなたが企業や組織に属しているのであれば、社内でもメンターを探してみることをおすすめします。身近ですし、その企業が持っている独特の文化を、ゼロから説明する手間がかかりません。

私はマッキンゼーにいたころ、**「こんな人になりたい！」**というロールモデルにしていた先輩にメンターになってもらっていました。時々ランチに行き、仕事の進め方やキャリアのことなど、いろいろ相談に乗ってもらいました。

また、いろいろな業種や職種からの転職者が多かったので、たとえばマーケティングのことであれば、「消費材のマーケティング畑からきた○○さんをメンターにする」、ファイナンスであれば、「金融機関にいた○○さんに相談する」というように、仕事の分野によってその道に詳しい人をメンターにしていました。

できれば、直属の先輩や上司以外がいいでしょう。元上司、元先輩で、謙虚かつ信頼の置ける人は最適でしょう。変に壁をつくる必要はありません。

また、まったく部署も仕事もちがうけれど、その道のプロフェッショナルとして尊敬できる人は、社内メンターの有力候補です。別部署の信頼の置ける職人たちとメンターの関係を結べるとよいでしょう。

若くてキャリアが浅いうちは、**「かわいがられる」**という特権を持っていることを知っておいてください。

相手を尊敬し、素直に相談する。じつは先輩たちにとってはその行為自体がプレゼントになり、心の支えにもなるのです。

メンターに相談するときは、**意識的にいつもよりも自分の脇を甘くし、オープンマインドで助けを求めるようにすることです。**

悩み事や相談事は、正直で素直になれればなれるほど、相手も親身になってくれるものです。あなたが納得のいく答えや、参考になるヒントをもらえれば、その後のモチベーションは大きくアップするでしょう。

もし、どうしてもよいメンターを見つけられないということであれば、コーチングなどの「プロフェッショナル」を頼ることも検討してみてください。ある程度コストはかかりますが、少なくとも一定のクオリティーは得られるはずです。

大切なことは、あなたの悩みの解決にヒントをくれて、「やる気のスイッチ」に火をつけてくれるような存在。ぜひ、意識して探してみてください。

一般論を言わず、直感が鋭く、専門性が高い。そんなメンターを見つければ、モチベーションアップ！

習慣37

本は最後まで読まない

モチベーションを高めてくれるのは、「人」だけではありません。**「本」も大きな存在です。**特に若い時期は、長年にわたって良書・名著といわれている書籍をたくさん読んでみてはいかがでしょうか。


本には2つの読み方があります。

ひとつは、**じっくり味わう読み方。**

良書や名著と言われるものはじっくり読んで、じっくり考え、味わうこと。自分がこの主人公の立場だったらどうするか？　この思想から何を学べるか？　など問いを持って読みながら、考えを深めるのです。

もうひとつは、**情報収集のために、たくさんの本をスピーディーに読む方法。**

前にも述べた通り、私たちコンサルタントは、何らかのリサーチをする際、少しでもよい仮説に結びつけるために、手当たり次第に次から次へと本を読みます。多少のムダには目をつぶるのです。

本は、たいていは、超大型書店で探します。一度書店に出かけると2~3時間くらいかけて探し、一度に十数冊購入することもしばしばです。

インターネットで購入するのもいいですが、私は実際に書店に行くのが好きです。書店のコーナーに行って、まず自分の見たいテーマで、ピンときたものをどんどん取り出し、**目次と著者のプロフィールをチェック**。目次のなかで、ピンときたセクションにさっと目を通して、購入するかどうかを決めます。

また、テーマとは直接関係がないコーナーに行ってみることも大切。異なる分野の本が新しい発想やアイデアをインスパイアしてくれることがあります。

ポイントは、何かのついでに書店に行くのではなく、そのために〝わざわざ〟スケジュールを割くことです。手帳に予定として記入するのです。こうすると、探し出す

ための気合いの入り方が違います。

何冊も同時に、線を引きながら読む

私自身は、マッキンゼー時代に、戦略論やファイナンス、マーケティングなど、コンサルティングに必要な知識を本からも学びました。さらに大学院では、経営学と人文学を学びました。とにかくたくさんの本を読みました。

そして、知識を深めることの大切さを学んだのです。知識という材料を使って、奥深く、幅広く考えられるようになると、よりよい仮説を立てたり、おもしろいアイデアを創造することができます。知識の差が、あとで大きな差となって表れるのです。

翻訳本の場合、原書を原語で読んだほうがいいのでは？　とよく聞かれますが、**日頃、日本語で思考しているのであれば、日本語訳で読んだほうが深く、本質的な理解が得られます。**もちろん読めるのであれば、原書を原語で読んでください。しかし、もし原語で読むことができたとしても、思考が日本語なら、原書と同時に日本語で読むことをおすすめします。これによって、理解がより深まるはずです。

ジャンルを決めたら、複数冊を同時並行で読みます。売れ筋のランキングやアマゾンのレビューなどは、あまり気にする必要はありません。自分が「よさそう！」と思った感覚を大切にして、本を選んでください。

本にはどんどん線を引くことをおすすめします。

線を引いたページには付箋を貼り、あとから読み返しやすくしておきましょう。

線を引くのは、すぐ参考になることでも、インスパイアされたことでも構いません。目的別に色を分けるのもおすすめ。読み返すとき、線を引いたところだけでも拾い読みすると、短時間で刺激や再発見があります。

途中で不要と考えた本は、迷わず読むのをやめます。無理に最後まで読む必要など、まったくありません。せっかく買ったのだから最後まで読もう、と考えると、時間をムダにしてしまいますから。

本は大切なモチベーションアップの道具。
かたっぱしから読んで、どんどん線を引き、あとから見直そう

習慣38 5分間で自分に問いかける

電車のなかや病院の待合室、あるいは待ち合わせ場所に早く着いてしまったり、相手が遅刻して待たされたりして、5分ほど時間ができたら、何をしますか?

じつはこんなところにも、感情をコントロールするヒントが隠されています。

おそらくほとんどの方は、スマートフォンでメールをチェックしたり、ニュースを読みはじめたりするでしょう。私も、そうしたほうが仕事が効率化できるのであれば、同じ行動をすると思います。

ただ、特に差し迫ったことがないときに、スマホのチェックに時間を使うのはやめたほうがいいでしょう。

5分空いたら、まずスマホを脇に置いて、目を閉じて深呼吸してください。

そして、**「自分に『問い』を投げる」**のです。

「自分がいま、いちばん関心のあることは何だろう？」
「最近最も刺激を受けた話って何だったかな？」
「どうして最近、自分はモヤモヤしているのだろう？」
「なぜ、あのとき、腹が立ったのだろう？」

たった5分しかないのに、頭を使ってもムダなのではないか。せっかくいいアイデアが浮かんできても、展開することも記録することも難しいのではないかと考えるかもしれません。

しかし、本当はそれが味噌なのです。

特に、「最近モヤモヤしているな」などと感じているのであれば、大きな打開のチャンスが到来しているのです。

自分をワインのように熟成させる

メンターにヒントをもらい、教えを乞うこと。

良書や名著を読み、古くて新しい知識を学ぶこと。

こうした行動を積み重ねると、いくつもの思考のヒント、言うならばいまはまだはっきりとは意味がわからない**「思考のかたまりのようなもの」**が頭のなかを漂いはじめます。

脈絡は考えず、とにかく興味のあることをインプットすることを、**「発散型の思考」**と呼びます。

一方で、インプットしたものを自分への問いに変換し、自分の課題や日常生活と重ね合わせると、思わぬ結びつきが頭のなかで生まれます。まったくの別分野として考えていたこと同士がつながって、新しい仮説や視点を築くきっかけになることがあります。これを**「収束型の思考」**と呼びます。

5分くらいの空き時間は、こうした収束型の思考のトレーニングに最適です。

5分後、あるいは3分後にアポイントの相手が現れれば、何も結論を得られないいま、そこで思考は中断されます。それは一見もったいないようでいて、そのやり方でしか得られない「味わい」があります。

3日後、1週間後、同じ問いを自分に投げてみます。すると途中までは前回をなぞっているようでも、急に視点が高くなったり、思考が深まったりすることがあるのです。

これは、時間を置いて継続的に問いかけているからこそ起きる、熟成のような現象です。

おいしいワインをつくるには時間がかかります。自分の思考も、時間をかけたほうが深まり、断然やる気が違ってきます。ぜひ5分間を有効に使ってください。

自分に「問い」を投げ続けると
思考がどんどん熟成していく！

習慣39 心と体を整える

マッキンゼー時代、アメリカ人のパートナーと仕事をするときには、朝8時からブレックファースト・ミーティングをすることがよくありました。

彼らは、「朝」を大切にしていて、早く起きて仕事をすると「とてもはかどる」とよく話していました。

当時、日本支社長だった大前さんも、「朝がいちばん集中できるし、仕事がはかどる。朝の時間を大切にしなさい」とことあるごとに話していました。

仕事ができる人は、言い換えれば**「自己管理のしっかりしている人」**です。

早寝早起きをする。

お酒を飲みすぎない。

ジョギングをしたり、ジムに通ったりして、体をつくる。

仕事に挑む上で、自分の心や体の状態をベストにしておく。前の晩に飲みすぎて、翌日の仕事に支障をきたすようなことをしません。

私もマッキンゼー時代は、週に2、3回はプールに通い、体を整えていました。

「休むときには、しっかり休む」ということも、心と体をベストな状態にする上では、とても重要です。

マッキンゼーの優秀な社員たちも、バケーションを大切にしていました。ひとつのプロジェクトが終わると休みをとり、海外に旅行に行ったり、山に登ったり、好きな写真を撮りに行ったりしていました。

みんな、自分が好きなことを、無邪気に楽しんでいた印象があります。

こうして仕事に戻ったときには、気持ちがぱっと切り替わり、超人的な集中力を発揮するのです。

最高のパフォーマンスを出すために

そこで、私が本書の最後にお伝えしたい大切な習慣は、**「心と体を整える」**ということです。これが39番目の習慣です。

心と体の状態が整っているからこそ、いい仕事ができる。働きすぎでイライラしていると、最高のパフォーマンスは発揮できません。人間関係に疲れてしまうと、ポジティブな発想も生まれません。

毎日、同じ時刻に寝て、同じ時刻に起きる。
休みをしっかりとり、疲れを癒やす。
体を鍛え、ケアする。

心と体をつねにニュートラルな状態に整えることで、仕事において「クオリティー×スピード」を実現することができるのです。

いま、あなたの心は整っていますか？
いま、あなたの体は整っていますか？

コロナ禍の影響で、プチうつ状態の人が増えているという報告もあります。もし、あなた自身、心と体のバランスが乱れていると感じたら、まずは深呼吸をして、自らを落ち着かせてみてください。そして、新しい気持ちで、人生と向き合ってみてください。そうすれば、きっと、きっと、うまくいくはずです。

あなたの人生がすばらしいものになることを、心から祈っています。

仕事ができる人は「自己管理」がしっかりしている
心と体が整っているからこそ、いい仕事ができる

本書は、アスコムより刊行された単行本を、
文庫化にあたり、加筆・改筆したものです。

大嶋祥誉（おおしま・さちよ）

エグゼクティブコーチ／作家／TM瞑想教師、センジュヒューマンデザインワークス代表取締役。米国デューク大学MBA取得。シカゴ大学大学院修了。マッキンゼー・アンド・カンパニー、ワトソンワイアットなどの外資系コンサルティング会社を経て独立。現在、経営者やビジネスリーダーを対象にエグゼクティブコーチング、ビジネススキル研修のほか、人材開発コンサルティングを行う。また、TM瞑想や生産性を上げる効果的な休息法なども指導。

著書に『マッキンゼーで叩き込まれた 超速フレームワーク』（三笠書房）、『マッキンゼーで学んだ「段取り」の技法』（三笠書房《知的生きかた文庫》）、『マッキンゼー流 入社1年目問題解決の教科書』（SBクリエイティブ）など多数。自分らしい働き方を探究するオンラインコミュニティ『ギフト』主催。

◎大嶋祥誉公式Facebook
https://www.facebook.com/sachiyo.oshima.official/

◎オンラインコミュニティ『ギフト』公式ページ
https://oshimasachiyo.jp

知的生きかた文庫

マッキンゼーのエリートが大切《たいせつ》にしている39の仕事《しごと》の習慣《しゅうかん》

著者　大嶋祥誉《おおしまさちよ》
発行者　押鐘太陽
発行所　株式会社三笠書房
〒一〇二―〇〇七二　東京都千代田区飯田橋三―三―一
電話〇三―五二二六―五七三四〈営業部〉
〇三―五二二六―五七三一〈編集部〉
https://www.mikasashobo.co.jp
印刷　誠宏印刷
製本　若林製本工場

ISBN978-4-8379-8682-9 C0130

知的生きかた文庫

驚くほど眠りの質がよくなる睡眠メソッド100
三橋美穂
1万人の眠りを変えた快眠セラピストによる快眠法。寝苦しい夜のエアコン設定、熟睡に効くストレッチ、睡眠負債のリセット法……睡眠が変われば人生が変わる！

コクヨの結果を出すノート術
コクヨ株式会社
日本で一番ノートを売る会社のメソッド全公開！　アイデア、メモ、議事録、資料づくり……たった1分ですっきりまとまる「結果を出す」ノート100のコツ。

頭のいい説明「すぐできる」コツ
鶴野充茂
「大きな情報→小さな情報の順で説明する」「事実＋意見を基本形にする」など、仕事で確実に迅速に「人を動かす話し方」を多数紹介。ビジネスマン必読の1冊！

東大脳クイズ——「知識」と「思考力」がいっきに身につく
QuizKnock
東大発の知識集団による、解けば解くほどクセになる「神クイズ348問」！　東大生との真剣バトルが楽しめる、「東大生正解率」つき。さあ、君は何問解けるか⁉

世界のトップを10秒で納得させる資料の法則
三木雄信
ソフトバンクの社長室長だった著者が、孫正義社長仕込みの資料作成術の極意を大公開！　10種類におよぶ主要資料作成のツボと考え方が、これ1冊で腹落ちする‼

C50407

知的生きかた文庫

気にしない練習

名取芳彦

「気にしない人」になるには、ちょっとした練習が必要。仏教的な視点から、うつうつ、イライラ、クヨクヨを〝放念する〟心のトレーニング法を紹介します。

心配事の9割は起こらない

枡野俊明

余計な悩みを抱えないように、他人の価値観に振り回されないように、無駄なものをそぎ落として、限りなくシンプルに生きる——禅が教えてくれる、48のこと

こちら、横浜国大「そらの研究室」!

天気と気象の特別授業

筆保弘徳
今井明子
広瀬 駿

虹のしくみから、天気予報番組の舞台裏、異常気象の真犯人まで、空の楽しみ方がわかる「特別授業」! 雲や虹など「空の動画」が視聴できるQRコード付き!!

スマイルズの世界的名著

自助論

S.スマイルズ【著】
竹内 均【訳】

「天は自ら助くる者を助く」——。刊行以来今日に至るまで、世界数十カ国の人々の向上意欲をかきたて、希望の光明を与え続けてきた名著中の名著!

人に勝ち、自分に克つ
強靱な精神力を鍛える

武士道

新渡戸稲造
奈良本辰也【訳・解説】

日本人の精神の基盤は武士道にあり。武士は何を学び、どう己を磨いたか。本書は、強靱な精神力を生んだ武士道の本質を見事に解き明かす。

C50408

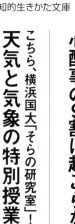

単行本

FRAMEWORK

マッキンゼーで叩き込まれた

超速フレームワーク

仕事のスピードと質を上げる最強ツール

大嶋祥誉

使い込むほどに思考力と行動力が磨かれる!

フレームワークとは「思考の枠組み」のこと。同僚たちに比べて、決して超優秀とは言えなかった私が、それでも結果を出せたのは、フレームワークのおかげなのです。 ——大嶋祥誉

本当に使える20の鉄板フレームワーク!!

分析・検証　意思決定　論理思考　問題解決　マーケティング

C10061